O Triunfo Total

Invocações de plenitude e poder

<u>30 dias para uma vida gloriosa</u>

Fernando Trigo

ISBN: 1-78808-934-0
ISBN-13: 978-1-78808-934-0

Índice

Prefácio

As páginas que se seguem em "O Triunfo Total" são fruto de uma decisão forte, firme, séria, convicta e inabalável.

São o espelho de um homem decidido.

E se os reveses da vida podem bater à porta de cada um através de um imaginário bilhete-postal, ou ainda, por um imaginário mensageiro, da nossa parte haverá que tomar decisões.

E o bilhete chegou e dizia: "A vida é um pretexto, por isso vivo em cada texto. Mas viver é mais do que existir e é por tal que nunca se vai a lado algum sem primeiro começar. E para o fazer, é hoje que tens de decidir."

E Fernando Trigo decidiu. Naquele momento enamorou-se de um sonho, tal como outrora, em tempos bíblicos, aconteceu com Jacob. Ele viu, em sonhos, uma grande escada que estava fixa na terra mas que subia e se firmava no céu.

Isso mesmo, "pés assentes em terra e olhos fixos no alto". Das profundezas do nada, das profundezas do abismo, descortinando o topo das alturas, combatendo o bom combate (tal como outro Saulo de Tarso), vencendo as trevas, deixando-se guiar pela luz, ele foi subindo, degrau a degrau, eliminando obstáculos e contratempos, usando a sabedoria de um bom filósofo, com simplicidade e humildade, esgrimindo a matemática para que os cálculos não saíssem errados, vivendo e observando a fé para não ser vencido por ilusões, ele foi subindo a escada, passo a passo, como quem sobe a montanha e o cimo, o topo, ou seja o triunfo, foi atingido.

Provavelmente houve algum cansaço na caminhada, à semelhança de um peregrino que tem muito a percorrer. E se há cansaço tem de haver repouso, tem de haver descanso, tem de haver comida e bebida.

E nada faltou. Tudo ele foi buscar e procurar nas suas invocações de cada dia.

Como o Apóstolo Paulo, também ele, o Fernando sentia intimamente uma certeza: "Tudo eu posso naquele que me conforta".

Deus foi o seu conforto. E com a força e energia de um espirito renovado, ele chegou ao topo. E do alto da montanha, de olhar iluminado, perante deslumbrante paisagem que ele contemplava, até lhe apeteceu cantar, não uma canção, mas a sua comoção.

Depois quis voar. E voou. Voou até nós, oferecendo-nos estas páginas que eu já li e reli, mastiguei e digeri e convido os leitores a fazer o mesmo.

É que estas páginas são um grito de alma, são o eclodir de um vulcão oprimido por amarras sem sentido, são a explosão de um carácter forte que não teme a luz do dia, são o brilho de uma vida com o gosto de viver.

Estas páginas são a transparência de um homem com raízes transmontanas, daqueles de quem o povo diz "antes quebrar que torcer", são a manifestação de "um saber de experiencia feito" adquirido nas suas vivências por Angola, no seu profissionalismo exercido nas agências noticiosas ANOP, NP e Lusa, e nas mais variadas funções que foi chamado a desempenhar mercê do seu curso superior de jornalismo.

As páginas deste livro convidam-nos também a voar. Sim, voar!

No século XV antes de Cristo, o lendário Ícaro, na Grécia, mais propriamente na ilha de Creta, tentou voar, embora com asas de cera que se derretiam com o calor. Sem cera, mas já num aparelho por ele inventado, a chamada "Passarola", o Padre luso-brasileiro Bartolomeu de Gusmão, fez demonstrações no Terreiro do Paço, no tempo do Rei D. João V.

Mais recentemente, em 1922 do século passado, séc. XX, os heróis portugueses Gago Coutinho e Sacadura Cabral, fizeram a travessia aérea de Lisboa ao Rio de Janeiro (Brasil) num aparelho por eles concebido, tornando-se os grandes pioneiros da aviação.

E se ninguém tivesse tentado voar? Certamente hoje não haveria milhares de aviões a cruzar diariamente o espaço aéreo do nosso planeta. Façamos como o bivalve de que nos fala este livro. Tentemos voar. Voando, ficamos mais leves. Voando, temos novos horizontes. Voando, podemos cantar "hossanas nas alturas". O Corpo pode pesar, mas o espirito voa sempre.

Obrigado e parabéns amigo Fernando Trigo.

Padre Delmar Barreiros

Nota Prévia

Tratando-se de um primeiro livro, sinto a necessidade de justificar os temas e o formato que escolhi.

Como jornalista, habituei-me a sintetizar os assuntos e é assim que se explicam os 30 temas inclusos, escritos para uma leitura visual e muito pessoal.

Os temas relacionam-se com os inúmeros calvários que assolam as pessoas, dia-a-dia, ou anos a fio, um pouco por todo o lado, traduzidos em quotidianos de fracasso, de sofrimento, de pobreza, de angústias, de insucessos e tormentos, sem que possam ou saibam sair dessas catacumbas.

É certo que muitos autores se debruçaram, ou ainda o fazem, sobre idêntica temática e defendem variadas sugestões, ou teses, para a obtenção de melhores resultados. Pretendi, todavia, propor o caminho das minhas análises e reflexões a propósito, tendo em conta o que passei sobre os mesmos problemas e inquietações.

Escrevo, pois, na primeira pessoa, uma vez que me coloco como testemunha viva do que proponho e, por isso, cada leitor sentirá o que estiver a ler, igualmente, na "sua" pessoa. Só assim se tornará possível captar o essencial, o que verdadeiramente é importante para a vida de cada um. E isso é fundamental para se tornar vitorioso e apoderar-se do destino.

Eu inverti a situação procurando-me no seio do turbilhão em que vivia e fez-se-me luz. É essa luz que aqui trago a todos os que procuram saciar-se de justiça ou vencer os dissabores quotidianos, erguendo-se como heróis de si próprios e capacitando-se de que podem vergar qualquer impedimento ou ultrapassar qualquer dificuldade, não importando o que seja ou o tamanho das impossibilidades.

Tudo é possível pela força intrínseca de cada um e a forma de o fazer é o que o livro trata.

Leia e desfrute o livro. Torne-se dono de si e determine o seu próprio caminho.

Bem-haja

Dedicatória

Aos meus pais que sempre acreditaram em mim e me amaram sem limites, mas que partiram sem eu lhes ter podido retribuir como mereciam.

À minha família que discretamente me acompanhou nas vitórias, sucessos, dificuldades e derrotas, apoiando, compreendendo ou comungando dos silêncios.

Aos amigos de jornadas profissionais ou de busca de destinos comuns, com relevo daqueles que sufragaram comigo períodos de ilusões e realizações ou de perdas e de ganhos, com quem carpi as desditas e me exaltei nas conquistas.

Aos anónimos que se cruzaram na minha vida e me fizeram mudar de rumo e de ideias, me levaram a alicerçar projectos e entendimentos, a alterar conceitos, a erguer defesas e a efectuar avanços, a iludir-me e a desiludir-me ou a corrigir defeitos e a transgredir regras.

Finalmente, ao leitor, a quem o livro se destina porque dele precisa *para se ajudar a si mesmo*. Pode encontrar aqui o que procura, se efectivamente precisar.

Dia-a-dia pegue nestes textos e leia-os (não importa as vezes que o faça) ao longo do dia. Reze, invoque, reflicta e peça sem constrangimentos. Registe bem o que pediu e faça-o emotivamente, de forma definitiva, pois Deus não é surdo - é generoso.

Os textos são apenas um meio de obter o que lhe pertence e visam ultrapassar, pelo esforço, as dificuldades com que se defronta, avançando para a prosperidade. Leia e sinta cada invocação como absoluta.

Se não encontrar o que entende precisar, saiba que ao não se rever naquilo que leu, porque não entendeu ou porque julga nada ter a ver consigo, tal pode suceder porque se encontra enclausurado nos becos que criou ou deixou que criassem. Mas a vida é assim e tais becos não passam de obstáculos ao seu desenvolvimento.

Olhe bem dentro de si, argua consigo profundamente e admita a sua grandeza, considere-se uma maravilha divina que auspicia uma vida de realizações, que é sua e de mais ninguém.

Veja-se como uma beleza da criação universal que vive eternamente e saiba que na sua insignificância pessoal, abarca o universo e dele faz parte, simultaneamente.

Não está só, mas infinitamente acompanhado.

O autor

Ajuda à leitura

O leitor vai iniciar um percurso por uma existência melhor, mais feliz, saudável, próspera e realizadora.

Ao fazê-lo é porque está compenetrado de que é isso mesmo que quer e que não regateará esforços nesse sentido.

Doravante vai procurar sempre o lado bom de tudo o que lhe sucede, ou em que participa, e passará a invocar, a pedir ou a agir, consoante o que pretende, firmemente e com propósitos bem-intencionados.

Ao assim querer, está mentalizado desses desígnios, ambicionará o bem e afastará os sentimentos egoístas.

Eliminando resolutamente todo e qualquer pensamento negativo, receios ou hesitações em progredir, jamais se desfocará do topo que visa atingir.

Será simples o caminho a percorrer. Basta diariamente proceder à leitura de uma invocação e do texto que a antecede.

Em cada dia, ao longo do mês, lerá o texto prévio e fará a invocação que lhe corresponde e assim sucessivamente.

Quando terminar, reflicta sobre o que leu e deixe-se inebriar pelo seu conteúdo, em silêncio e em harmonia com tudo o que o envolve.

Se quiser, pode ler tudo de uma só vez. Faça-o, mas no dia seguinte procure retomar a leitura pelo texto e pela invocação que se segue (1.,2...).

Pode (e deve) tirar notas, fazer resumos, isolar palavras-chave, assinalar aspectos que o inquietam, marcar o que o ilumina ou o que lhe abre portas.

Rejubile quando pela leitura ou invocação se liberta de incómodos, encontra saídas, se lhe esclarece algo ou liquida mortificações que o incomodavam.

Para vencer é preciso questionar e fazer o que tem de ser feito nesta sua poderosa busca por uma vida melhor. O livro é só uma ajuda e tal ocorre apenas quando você se ajudar a si mesmo.

Nota: Leia a carta que se segue na pagina seguinte e sinta-a como se lhe fosse dirigida em exclusivo.

<u>Uma carta (parte I)...</u>

De pé, à entrada de casa no final de um dia de trabalho, A. Milfontes lia, estonteada e autómata, o pequeno bilhete que lhe chegara apenso a um conjunto de folhas A4 soltas, contidas num envelope.

O mesmo não tinha remetente, mas era visível um carimbo postal denotando a localização da sua proveniência, uma localidade emblemática do centro do país, no caminho de um imponente maciço montanhoso que se erguia ali, bem próximo.

Sem nome, mas com carimbo dos correios, era evidente que o envelope havia sido colocado dentro de um outro, eventualmente pelo seu autor, ou por quem se incumbira de assim fazer chegar a "encomenda".

A. Milfontes subentendeu, logo, a quem pertenceria o conteúdo, até porque já há algum tempo desconhecia o seu paradeiro.

O texto estava escrito à mão e embora parecesse trémula, a tinta era vincada e determinada.

Um só parágrafo preenchia o exíguo bilhete. De forma repetida, A. Milfontes matraqueava o seu conteúdo num murmúrio labial quase imperceptível e sem vontade de passar adiante para verificar o que o resto das folhas conteria.

Pousou, devagar, o bilhete sobre a superfície espelhada de um decorativo móvel à entrada, onde todos os dias depositava as chaves de casa.

Agarrou nas folhas A4. De novo, a mensagem do bilhete antecedia o interesse pelas folhas seguintes.

A. Milfontes recostou-se no sofá da sala e tentou ajustar-se o melhor que podia ao perfil das almofadas. Mas persistia algum incómodo, não de curiosidade, mas pela inusitada e inverosímil ocorrência.

De forma decidida, leu como se os olhos fossem os dedos a soletrar cada letra ou palavra, como na aprendizagem da infância.

Era uma carta ou outra coisa? É que o texto poderia indiciar um conto, uma história, uma reflexão… no final se veria. Não estava assinado mas continha a data em que fora escrito.

Neste ponto fixado, o bilhete dizia:

"A vida é um pretexto, por isso vivo em cada texto. Mas viver é mais do que existir e é por tal que nunca se vai a lado algum sem primeiro começar. E para o fazer, é hoje que tens de decidir."

E A. Milfontes leu. Primeiramente, a carta. Depois, zelosamente, as invocações. Agora saberia, talvez, a diferença entre viver, não viver ou renascer…

Montanha de...,

"A encosta cessou abruptamente no final de uma vertente ascendente a que, sem o ter notado, chegara, no cume dum penhasco erguido sobre um extenso e profundo vale.

Absorto, ignorando tudo o que me rodeava, não me preocupei com a fraca visibilidade adveniente da neblina rarefeita, mas senti a humidade fria e densa a penetrar-me pela gola da camurça desabotoada.

Contudo, não deixei de presumir algum encanto pela beleza daquele horizonte de lusco-fusco que se espraiava por entre as veredas da cordilheira.

Era todo um mundo que ficava para trás, que acabava ali e um outro, novo e desconhecido, podia começar. Ambos estavam cortados por aquele instante tornado Equador, entre o antes e o depois, à altura das nuvens.

Eu, Marco Milfontes, ative-me sobre a linha do precipício e estanquei. Com tanta determinação o fiz que me confundi com a hematite que obscurecera a rocha a que me encostara.

O vento silvava a espasmos e invisíveis grãos de sílica, salpicando o ar, atingiam-me a face como lâminas de barbear em manhãs mal acordadas.

Típico das grandes altitudes, a mudança de tempo ocorreu célere e, num ápice, o céu carregou-se e a tempestade desabou. Mas só me dei conta quando, ensopado, a água me entrou pelas botas e os pés enregelaram, incomodando-me.

Mexi-me no momento em que os trovões ribombaram. Um raio cruzou o espaço e atingiu a protuberância granítica junto a mim, tombando-me pela descarga eléctrica que despedaçou a rocha.

Deixou de haver tempo, os meus sentidos desapareceram e a realidade ancorou-se na inconsciência que de mim se apoderou, tornando-me um ténue escape de vida adormecida.

Vi-me, então, ciclópico na fulgurante existência do limbo. Transfigurado no ser, vagueei mentalmente sem limites ou obstáculos. Isto é: morri para a vida e passei a viver para além da morte.

Entendi na inconsciência ensimesmada que não fora o raio que me fizera transpor o umbral da existência antiga e me remetera para uma nova e diferente, mas o meu desejo de acabar uma e começar outra, decisão que me havia levado de urgência ao penhasco. Não sei se para o suicídio, para a conformação ou para um renascimento, definitivo e transcendente.

Tudo ficou claro, límpido e discernível. Podia estar onde, quando e como quisesse, sem nada a dificultar-me os movimentos.

Tudo era instantâneo e viajava com o pensamento. Chegava, usufruía e vislumbrava as coisas como provenientes de mim, tal como o Criador do mundo.

Depois, regressava ao promontório e via-me pairando sobre o corpo que me pertencera mas que agora se tornara estranho e desconcertante.

Entre cada viagem, sem tempo nem espaço, sentia que tocava a eternidade e dividi-me entre os apelos que me intimavam a prosseguir e o cheiro da terra que exalava eflúvios cromáticos provenientes da vigorosa natureza do vale.

E julguei que sempre ali estivera, anos a fio. Mas não. Haviam passado escassos segundos desde que tombara junto à rocha estilhaçada.

Foi então que, num assomo dos imponderáveis e imperscrutáveis desígnios da criação a que pertencemos, aprisionei-me entre ser e não ser, entre estar e ir e entre saber-me e desconhecer-me.

O corpo era carcaça, o espírito pairava, o tempo não havia e o espaço desistia. Afinal, quem era eu, Marco Milfontes?

Ocorreu-me ser a consciência do Universo, uma vez que para o infinito existir tinha de haver alguém que lhe desse noticia da sua existência. Eu seria, assim, uma espécie de espelho voltado para o espaço sideral, como que a dizer-lhe que nele estava e nele reinava.

Liberto de grilhetas, deixaria de ser cego, surdo e empedernido aos tempos novos, à vida feliz e entusiástica, às mudanças e às boas novas. Decididamente ver-me-ia como um viajante estelar, sem rumo e sem destino.

Não lutaria mais contra as adversidades e as complicações que tanto afectam a vida, porquanto, via agora, tudo não passa de uma imensa e colectiva ilusão, bem assente na colossal ignorância que, sem excepção, a todos assoberba.

Percebi que aquilo que fazia andar o barco não era a vela enfunada, mas o vento que não se via e, por isso mesmo, determinei que não viajaria mais pelo mundo em busca do que era belo ou bom, se os não transportasse previamente comigo.

Compreendi, também, que mesmo que as nuvens tapassem o Sol e a meteorologia anunciasse tempestade, o astro-rei se manteria imutável onde sempre esteve e a sua luz continuaria a cruzar o céu.

Pobres daqueles, pensei, que havia visto padecer de ausência de luz por nunca descortinarem o nascer do dia, não sentirem o desabrochar das flores ou não absorverem o esvair dos ocasos...

Dada a inquietação que me surgira, discerni que as nuvens carregadas que a cada um atemorizam, não eram advenientes do mau tempo, mas das mentes. Eram nuvens dos labirintos mentais que cada um vai criando e aceitando que passem a assolar as suas viagens.

De imediato, consciencializei a efemeridade de todas as coisas, apesar de, nesse preciso momento, me ser palpável a textura da eternidade em que me sentia integrado.

Observei-me no seio de uma película de filme em velocidade estonteante. Vi-me a percorrer a vida em sentido contrário e tive o vislumbre de que, afinal, era actor de uma peça que já há muito estava em cena e da qual sairia antes da mesma *acabar, dando lugar a outros figurantes, numa interminável sequencia lógica e determinista.*

Aceitei a premissa da impermanência, da existência que se contabiliza unicamente no "durante" e da inexistência do passado ou do futuro, uma vez que um já foi e o outro desconhece-se se virá.

Sem haver discorrido bem sobre o que efectivamente me estava a suceder, fui compelido a efectuar uma miríade de contas sobre sebentas que se acumulavam em prateleiras etéreas, a perder de vista.

E vi, claramente escrito, em letras de ouro sobre uma ardósia translúcida, um zero do tamanho de todo o alcance da minha vista.

Seria este o resultado de tantas operações que fizera sobre a minha vida? Mas o **zero** *final que via á minha frente, sempre era alguma coisa! Se assim não fosse, matematicamente, não haveria o menos que zero...*

Alcancei, então, filosoficamente, o significado daquele total.

O zero mais não era do que a inconsistência do vazio no Universo, desse Universo onde, num canto esquecido de uma obscura galáxia, se situa a Terra, esta que nos indica que o zero *subverte o* vazio *e que este contraria o* nada*. O nada que, existindo, estaria cheio de si mesmo. Desta feita, o zero seria tudo!*

Nesta fase retornei, lentamente, ao corpo e angustiei-me de dores e sofrimento. Já não queria regressar, mas não o podia evitar.

Contorci-me e fui descortinando que "vivia", mas no interior de uma rarefeita claridade.

Temeroso, nesse ambiente, inferi que num lado tudo era escuro como breu e no outro, a luz resplandecia. Era eu, ali, que assim entendia e constatava.

Aceitei o que a premonição me confidenciava: "A luz é a essência e a escuridão a sua ausência. Mas a luz e a escuridão são uma e a mesma coisa, pois não subsistem uma sem a outra".

Via-me neste "agora" indistinto, mas portador da ancestralidade que me havia antecedido e notei que transportava o poder da criação primordial, oriundo de um "Big-bang" anterior ao daquele que a ciência reivindica e ergui-me como um autómato a quem se coloca uma bateria.

Nesse despertar estranho, compenetrei-me de ter sucumbido para o "antes" que tanto quisera fazer cessar e que renascera para o "depois" por que ansiara. Afinal, havia implodido e dos escombros surgira um outro Milfontes, dono de mim e do mundo, para quem não havia incertezas.

Deixando de olhar o vale que me maravilhara, voltei a cabeça e verifiquei que o caminho que até ali percorrera estava marcado pelos passos que dera.

Retornaria pelo mesmo trajecto, pensei. Mas, à medida que anotava cada passo dado, sofria desmedidamente e rebobinava-se-me o filme que eu mesmo produzira pela vida que levara.

Finalmente compreendia porque o sofrimento, na maioria das vezes, era arcar com despesas injustificadas, era pagar por aquilo que não se havia comprado ou era um martírio por assunção de prejuízos alheios.

Apesar de alguma confusão que persistia na minha cabeça, senti fixar-se, nitidamente, nas minhas cogitações, esta reflexão: "Ninguém pode ser afectado pelo sofrimento se não lhe der algum consentimento. O sofrimento morrerá se não lhe deres vida, se não o constituíres realidade e se o desacomodares do pensamento".

Parando na contagem dos passos que dera, sustive-me ante uma cascata de água que pendia de um monólito e nela entrei como em baptismo religioso. Fina e fria, a água picotou-me o crânio e transfigurei-me quando me tomei por uma epifania.

E ouvi distintamente: "liberta-te dos pesos, despe-te dos adornos, deita fora o que não precisas, cria espaços vazios na tua vida, limpa a mesa, a estante, o roupeiro, a cave e o sótão. Retira os empecilhos no caminho de casa, torna os acessos fáceis e desimpede as portas de saída".

Ao mesmo tempo que ouvia, questionava e recebia as respostas, num torvelinho que não sabia como conter.

Mas ficava elucidado, pois que, desobstruir as passagens, facilitar a circulação ou arrumar a casa, possibilitaria o fluir de novas ideias, de diferentes propostas e desafios e a exclusão do que não interessaria, do que seria lixo ou empecilho.

Renascido ao sair daquela incrível purificação, desejei assumir a nova realidade, fazer repercutir o que obtivera e sonorizar os eventos por que passara.

Não podia refugiar-me no mutismo dado que isso não seria mais do que uma tumba para o pensamento não exposto e tal inibiria o novo tempo, aquele do qual eu era agora exclusivo detentor.

*Constatei que a minha insignificância era também a minha grandeza e compreendi porque um frágil arbusto resiste melhor às tormentas do que um robusto pinheiro. Desta forma, não mais aceitaria ser um **bivalve**, mas a pérola refulgente e duradoura que dele surge.*

Olhando o céu, foquei-me numa águia que planava. De supetão, apreendi tudo sobre as leis da física e soube que para voar não precisaria de asas ou de movimentos. Bastava ousar e deixar-me ir...

Ao planar, diria não à cegueira e à surdez provocadas pelas premências da vida que tantas vezes mutilam a vista e a audição.

Senti, derradeiramente, uma vontade de pintar, de escrever, de esculpir, de compor música, de fazer algo que traduzisse os infinitos daquelas intensas emoções vividas entre as barreiras de ser e não ser, mas não sabia como. Restar-me-ia cantar, pois isso podia.

E com sofreguidão, cantei. Não uma canção, mas uma

comoção, uma prece alada, tal qual os salmos da Bíblia ou os refrãos do Corão.

*Quando terminei, fiquei a escutar o eco da voz que se repercutia pelo vale além. E então agi. Do topo do penhasco, um **bivalve** voou...". **Fim***

O silêncio fazia-se ouvir na sala como um eco de fundo a retinir nos tímpanos da A. Milfontes, criando uma zombeira que lhe narcotizava o discernimento.

Mas esse som era produto da reflexão túrgida, como um vulcão na mente de A. Milfontes, tentando perceber tudo o que acabara de ler.

A história era tão intensa e carregada de emoções que tornava confusos os seus pensamentos, pois que sendo de outrem, a narrativa poderia ser sua, quer pela combustão das cenas que "ardiam" na sua mente, quer pelo inusitado e estranho percurso, de ida e de eventual vinda, do narrador.

Desconhecendo, de momento, o desfecho da incrível saga expressa na carta, pois tal não fazia parte do conteúdo recebido, A. Milfontes sentiu-se desfalecer de exaustão, como se tivesse acabado de fazer a jornada que lera e que assumira como sua.

Um pouco antes de adormecer, num misto de inquietação e sonolência, até o sofá lhe parecia aquela pedra do promontório referida no texto.

Quando acordou, a madrugada despontava fria e

apenas o raiar do Sol nascente se fazia subentender no horizonte distante.

As folhas estavam espalhadas no chão, o envelope caíra para junto da janela e não divisava o bilhete no seu raio visual.

Sentiu, então, que na sua mão fechada, estava o bilhete amarrotado.

Abriu-o com delicadeza e verificou que as letras se esvaíam devido ao suor que ao longo da noite humedecera o papel.

Embora não precisasse de o reler, pois sabia de cor o seu conteúdo, o facto é que sentia o bilhete com um documento sagrado, a preservar.

O papel acabou por tombar para o chão e, quando procurou recuperá-lo, reparou que o mesmo estava sobre a 1ª Invocação: **"O Efémero"**.

Foi assim que começou o primeiro dia do resto da sua vida…

01

O EFÉMERO

Nenhuma coisa deste mundo pára ou permanece, todas passam.

Vemos que todo este mundo é vaidade, que a vida é um sonho, que tudo passa, que tudo acaba, e que nós havemos de acabar primeiro que tudo, e vivemos como se fôramos imortais, ou não houvera eternidade.

<u>Pe. António Vieira</u>

O leitor "tropeçou" neste caminho e entendeu por bem fazê-lo seu. Acabou de originar um facto que poderá transformar profundamente a sua vida e dar-lhe o rumo que sempre pretendeu e nunca conseguiu.

Ao partir para esta viagem revolucionária, libertadora e vitoriosa, estabeleça desde já uma decisão imutável: começar uma vida nova e sem retrocesso, para chegar ao fim, é preciso cumprir com determinados procedimentos.

Decidido e voluntariamente, impõe-se, mentalmente, a um conjunto de <u>seis</u> regras simples, mas decisivas para o sucesso do novo trajecto que está a efectuar.

Em primeiro lugar, determina que quer mudar de vida, que a quer transformar para sair do ponto em que está e produzir a mudança. Este passo é primordial e por isso mesmo fundamental. **Desejar _mudar_**. <u>É a primeira regra</u>.

Sem este passo não pode começar o percurso e marcar o início de um outro tempo, o da novíssima realidade, aquela em que vai navegar permanentemente no presente, assumindo um quadro mental de pensamento positivo e definidor do progresso, das abundâncias e dos sucessos. **Liquidar** *o passado*. <u>É a segunda regra</u>.

Assim, dá um novo passo, vence a inércia e fixa um diferente quadro mental que o obriga a manter pensamentos afirmativos e projectivos. De mente aberta, dirija-se ao Criador do Universo para obter dele o que quiser. **Definir** *o pretendido*. <u>É a terceira regra</u>.

Em paz, harmonia e tranquilidade, enquadrando-se com tudo o que de bom há no mundo, sem restrições ou desvios, avance de imediato para o estabelecimento de metas e quantidades, na concretização de projectos, desejos, vontades e realizações. **Fixar** *metas*. <u>É a quarta regra</u>

Agora, tenha sempre ideias claras, sequenciais e harmoniosas, seja de prosperidade, de sucesso ou vitórias, sem transigir com nada que o perturbe nestas cogitações. Destrua tudo o que lhe vier ao pensamento que não seja conforme a este desiderato e mantenha-se firme e objectivo no alcance do topo a que se quer alcandorar, antecipando a posse. **Considerar-se** *usufrutuário*. <u>É a quinta regra</u>.

Agradeça depois, tudo quando teve, tem e terá, tudo o que foi, é e será, bem como todas as circunstâncias em que se envolveu ou vive e abençoe tudo e todos. Peça desinibida e claramente e considere que tudo tem. **Agradecer** *previamente*. <u>É a sexta regra</u>.

Conclua esta etapa, lendo e relendo a reflexão ou invocação **n°1,** deste livro.

Invocação 1

O EFÉMERO

O passado acabou. Não existe.

Só o hoje vale e ele é, também, efémero.

O ontem é nada, terá sido. O amanhã espera-se que venha a ser, mas o que for será do tamanho de todas as incógnitas do mundo. Que agora desconheço, porque não existem de todo.

É hoje que eu quero o amanhã. Agora!

A minha verdadeira força, o meu poder absoluto, é o pensamento que forjo e acciono num ápice, neste preciso momento, focado para o que me espera. Sou apenas eu quem determina o que me aguarda, sem hesitação ou dúvida.

Esta atitude responde de imediato aos surgimentos. É por isso que nada anseio para além de tudo o que posso ambicionar e que sei estar já aqui, onde vivo em paz e harmonia.

Digo-o expansivamente, porque o Senhor me alcançou e fez terminar o antigo que me aniquilava.

E jamais esqueço que mesmo o "agora" vai deixando de ser…

Daqui para ali ou além, é preciso caminhar, pois só no

percurso é que o presente se mostra real, por debaixo dos pés. Mas sei que cada passo que faz o presente vigorar, também, de imediato, o faz cessar.

Instante a instante, o presente é-o e deixa de o ser, na antecipação do porvir. Logo, espero que o novo presente surja do futuro que afinal nunca o será.

Com as memórias extintas, nada há a temer, pois o eterno habita em mim e eu sou o reflexo da sua luz, a luminescência primordial da criação intemporal de que faço parte desde sempre.

Sem passado e com o poder divino a trespassar-me agora, nada me será impossível.

Ao transportar comigo esse poder, o bem que procuro, encontro-o em toda a parte.

02

A EXISTÊNCIA

A existência não tem razão de ser, está acima de todas as razões.
Miguel Unamuno

Quem só tem o espírito da história não compreendeu a lição da vida e tem sempre de retomá-la. É em ti mesmo que se coloca o enigma da existência: ninguém o pode resolver senão tu!

Friedrich Nietzsche

O leitor está num degrau sem regresso e não deve olhar para trás, até porque só o presente existe e é nele que o pensamento vai moldar o que virá. Isto é: somos hoje o que pensamos ontem sobre o agora e seremos amanhã o que pensarmos hoje sobre o futuro.

Assim, com esta verdade, sabemos que a força mais poderosa do universo é o nosso próprio pensamento e só ele pode determinar o que somos e seremos, o que temos e o que teremos e como estamos ou estaremos.

Os sucessos ou fracassos a nós mesmos os devemos. Apenas nós determinamos a nossa vida, mesmo que frequentemente achemos o contrário, que dependemos de outros ou das circunstâncias.

Ao conhecermo-nos e posicionarmo-nos afirmativamente, ao empurrarmo-nos para os cumes do mundo, tendo uma lógica de alpinista, sempre em busca de atingir o que delineamos e para o qual estabelecemos uma estratégia, não haverá obstáculo algum capaz de suster a ascensão que metodológicamente fixarmos.

Saibamo-nos ocupantes de um espaço e de um tempo sem fim, com uma missão única e intransmissível que teremos de cumprir, procurando caminhar conforme os desígnios e leis do colossal firmamento que ocupamos infinitésimalmente, mas com uma importância inalienável para a harmonia do universo.

Somos capazes de influenciar o cosmos que nos envolve e o universo, por sua vez, não nos sendo indiferente, responde-nos, devolvendo tudo o que demandamos.

Focado no bom pensamento que se ancora no bem que deseja, veja-se a possuir o que quer e agradeça com contentamento por já o ter.

Avance para o seu pedestal, tome posse do que lhe pertence e faça bom uso da fortuna que quis alcançar e verá que se agir bem, mais lhe retornará.

Garanta a distribuição do que quer para si, veja-se a entregar os pecúlios da abundância que sabe ter em depósito e nunca deixará de receber em contínuo.

Conclua por hoje, lendo a reflexão ou invocação n°2, deste livro e dê graças por o poder fazer livremente, aurindo saúde, alegria e amor.

Invocação 2

A EXISTÊNCIA

Verdadeiramente só a consciência de ser e de compreender como estou e na condição em que estou, permite a abstracção de me considerar existente intemporal.

Tudo o mais são espartilhos com que me ocupo e que não passam de enviesamentos com que a ilusão me ludibria.

Se me sinto a ocupar um lugar no espaço-tempo, existo e aceito que tudo me pertence, pois estou aqui, quero e assim determino, sem questionar as causas ou os fins da minha própria existência.

Sei que me está vedado apurar "o antes" que desconheço e isso obriga-me, também, a ignorar "o depois" que haverá.

Como existo e reflicto agora, abjuro em apurar o peso "do antes de mim" e impeço-me da carga de procurar "o para além de mim". Considero que nada me falta e, assim, sou possuidor de riquezas incalculáveis. Sei que não preciso mais do que o que está ao meu alcance imediato.

A fortuna faz parte da abundância universal com que o Senhor dotou toda a Criação. Mas ela só cumula quem disso se compenetra. Estou, pois, confortável. Posso fazer o que entender.

Obrigado Senhor, pela abundância que brota da tua misericórdia e me inunda de harmonia e prosperidade. Agradeço-te pela libertação de todas as amarras que criei e das quais nunca soube, sozinho, como me desfazer.

Só tu podes aniquilar a iniquidade e elevar os corações à mansidão!

Hossanas pelas recompensas de bondade e de compaixão. São elas tamanhas que nenhumas benfeitorias as esgotam, por mais que delas nos sirvamos.

Porquê reclamar uma parte, se tenho o tesouro todo?

Tu fazes-me prosperar para além do inimaginável! Contigo serei sempre um vencedor.

03

A VITÓRIA

Aquele que sabe vencer-se na vitória é duas vezes vencedor.

Públio Siro

Todas as vitórias ocultam uma abdicação.

Textos Cristãos

Sinta-se um viajante que não encontra qualquer obstáculo nos trajectos que faz e nos projectos que empreende, nas iniciativas em que se envolve e nos objectivos que traça. Você não precisa de se sentir um guerreiro em luta constante contra as adversidades e as complicações.

Não veja em cada dificuldade um campo de batalha, mas uma escola de aprendizagem onde as emboscadas, os escolhos e as armadilhas não passam de lições oportunas, precisas e incontornáveis.

Trate de as ultrapassar, antevendo que tudo não passa de pendências que apenas o perturbarão se você se focar nelas e as tornar maiores do que são.

Veja, são obstáculos e como tal pode esquivar-se deles, ignorá-los ou aceitar o desafio de os ultrapassar ou transpor. Ou então, com alguma simplicidade, compreender que não existe nada que não possua o seu contrário e que estes incómodos incorporam os seus próprios calcanhares de Aquiles.

É certo que em todos os males se aninham as suas fraquezas. Só é preciso pedir o discernimento com firmeza e a solução surgirá com enorme facilidade.

Assim vai construindo quotidianamente as suas vitórias, sem esforço hercúleo mas com acção, propósito e empenho. É preciso querer, desejar e agir em conformidade. Apenas tem de rejeitar a ênfase pretensiosa ou o afã intencional das ambições desmedidas.

O universo divino tem tudo em abundância, mas só responde perante a delicadeza com que o seu pensamento claro, determinado e apaixonado, motiva o cosmos que lhe pertence.

Não duvide, só não é vencedor se abdicar de considerar que pode superar a meta como desejava e que, chegando ao cume, se recusar a aceitar o triunfo.

Grite, esbraceje e sorria, pois não necessita de mais nada do que saber-se, antecipadamente, ganhador.

Vence sempre aquele que verdadeiramente o deseja, que congemina e elabora planos e se esforça para esse fim. Isto é: o triunfo é o querer, o porfiar e o esforçar, sem limitações ou hesitações.

Deste modo, sentindo-se no pódio, visualize a ovação e absorva os tributos calorosos. Por fim, com calma, leia a reflexão ou invocação **nº 3**, deste livro.

Invocação 3

A VITÓRIA

A minha vitória é absoluta e total pois o Senhor caminha ao meu lado. Quem nos poderá derrotar?

Todo o universo para mim converge com os seus inesgotáveis recursos e bonomias. Sou próspero e saudável, pleno de actividades agradáveis e reprodutivas.

Possuo tudo e todos os bons resultados me chegam incessantemente.

A alegria faz parte do meu dia-a-dia e preparo-me, sem desfalecer, para incidir o contentamento junto dos que me alcançam, fazendo todos participarem da abundância que me inunda.

A cada projecção de prosperidade, respondo com o perdão com que fui perdoado e com a compreensão com que fui compreendido. E faço sucumbir as derrotas, as dificuldades e o malefício que presumia porvir dos outros.

Afinal, os empecilhos surgem dos centros desfocados que nós próprios criamos e alimentamos.

Sei que o tempo é breve e não permite delongas ou hesitações.

Faço odes à vida onde quer que esteja e canto a alegria de viver em cada segundo da existência.

E não deixo que a película, da curta representação da vida que tenho, corra em negativo ou apenas registe os tons negros da minha colossal ignorância.

Se não sei de onde venho e para onde vou, como posso avaliar o que aqui estou a fazer?

A verdade é que o problema não é desconhecer as respostas.

É o vazio profundo de quem nem sequer se inquieta a perguntar o trivial e, por isso, apenas vagueia.

Por mim, liquido de imediato a inquietação prévia dos porquês, buscando a vitória na antecipação de todas as respostas.

04

O DISCERNIMENTO

Depois do espírito de discernimento, o que há de mais raro no mundo são os diamantes e as pérolas.

Jean de La Bruyère

A posição justa que deve situar-se entre os extremos é fruto do discernimento de espírito.

Textos Cristãos

Frequentemente é assim: somos cegos, surdos e empedernidos aos tempos novos, à vida livre, feliz e entusiástica. Estamos fechados às mudanças e às boas novas muito antes até de abominar as circunstâncias negativas e tristes em que nos encontramos.

Mas o pior é acharmos essas circunstâncias aniquiladoras quando não podem e nem devem sê-lo, uma vez que o mundo em nosso redor continua a ser o mesmo para todos, incluindo para aqueles com quem nos cruzamos, convivemos ou trabalhamos. Para esses, tudo parecerá diferente, normal e construtivo.

É verdade que pode achar estar tudo errado, que nada dá certo e, assim, passa a sentir-se mal. Mas então o problema estará nas suas considerações, nos seus pensamentos, na imaginação ou efabulação que faz da vida.

As riquezas estão por todo o lado. Uns encontram-nas, acumulam-nas e usufruem delas, enquanto outros, embora encontrando-as, desprezam-nas, desbaratam-nas ou evitam-nas.

Outros há que não as conseguem ver ou não as encontram, mesmo que lhes toquem. Enfim, não as desejam verdadeiramente e apenas as ambicionam de forma estéril, seca e egoísta: Isto é, sem fins de bondade, de progresso, de usufruto na harmonia da vida com o universo, com os semelhantes, com a natureza e o espírito.

Por isso a prosperidade é-lhes recusada, uma vez que jamais um barco pode atracar onde não há porto ou cais. Os barcos podem mesmo andar de um lado para o outro, em busca de poderem acostar conforme as insistentes demandas que recebem, mas precisam de obter sinais de boa atracação.

É você quem tem de agarrar as amarras que irão suster e fixar o navio que lhe vem trazer as abundâncias desejadas.

Porque age assim, confundindo a chegada dos tesouros que lhe pertencem? Ponha-se de pé e movimente-se, inicie os pensamentos transformadores, queira fervorosamente mudar de vida e ambicione essas maravilhas que o catapultam para a felicidade, riqueza e vitórias.

Focado, recusando hesitações ou desvios de atenção e enjeitando pensamentos de fracasso, não permita as memórias, os eventos passados ou as efabulações delirantes fora do quadro em que circula no presente, o único tempo em que de facto se vive e se forja o que viverá.

Leia agora, ricamente motivado, a reflexão ou invocação n⁰ **4,** deste livro.

Invocação 4

O DISCERNIMENTO

As riquezas afluem em catadupa e a prosperidade é constante para todos. Mas é intrigante que tantos as não vejam e, assim, não as desfrutem.

Possuímos tudo o que precisamos e queremos muito para além do que solicitamos. Isso parece não bastar, pois há multidões que nem sequer apreendem o valor do ar que respiram.

Todavia, é em cada um que a consciência se faz pesar para aí buscar o discernimento intrínseco, único e essencial.

Se procurarmos alcandorar-nos a cada passo, então nada será impossível. Mas é preciso agir. Por mim, já descortinei que o Senhor me acolhe no seu manto e me fortalece com o seu amparo.

Ele ama-nos. Cada um, como puder, retribua. Então, a felicidade diáfana encantará a alma e prendê-la-á no topo do mundo, de onde se alcança a eternidade.

De lá, vêem-se em baixo todos os combates das infindáveis misérias e torpezas humanas.

Aqui e ali vêem-se, também, os filantropos do nosso tempo, os santos incógnitos e omissos que por esse mundo fora vagueiam por entre as iniquidades, parecendo luzes de pirilampos no meio da densa escuridão.

São como os córregos subterrâneos que regam a relva sem vermos, fazendo-a viçosa e verdejante.

Nesse topo onde estou, vislumbro as ânforas para onde tombam as águas cristalinas e frescas do oásis.

À volta, descortino multidões que nos desertos apenas buscam as miragens.

Açoitados pelos ventos quentes que sopram dos infindos areais, estes acabam por estiolar à sede.

Mas eu, que subi para melhor alcançar, sei onde encher o cântaro.

05

O DURANTE

A dificuldade na vida é tomarmos a sério a mesma coisa durante tempo de mais.

André Gide

Temos de descobrir segurança dentro de nós próprios. Durante o curto espaço de tempo da nossa vida precisamos encontrar o nosso próprio critério de relações com a existência em que participamos tão transitoriamente.

Boris Pasternak

Só existimos "agora" por mais que teimemos em fazer sobreviver o passado ou por muito que imaginemos como será o amanhã. Um já foi, o outro, desconhecemos se virá.

Um e outro, nada são - neles não há vida, só memórias ou sonhos irreais. Mas saiba que o passado é sempre um peso com tudo o que você aceita, em vão, transportar, incluindo o que pensa ter sido bom, mau ou indiferente, uma vez que os coloca perante o que agora vive, é ou tem. Isso é sempre penalizador.

O futuro angustia porque é desejo. Embora não existindo, pensamos nele como uma meta ou um objectivo. Traçamos elaborados caminhos para lá chegar, fazemos cenários para atingi-lo e arcamos com os dissabores por não acontecer.

A fábula jamais será realidade, mas o bom sonho está assente em projectos harmoniosos, aqueles que se conectam com o universo divino. A fábula ancora-se nos fins desejados, determinando como, quando, quanto e onde. Por fim, pretende estar no topo de todos os desejos. É querer controlar o porvir.

O sonho harmonioso, não. É a pretensão animadora, o querer de abundância em se ter tudo de bom, em se ser feliz e afortunado sem introduzir areia na engrenagem do universo ou perturbar o verdadeiro discernimento na obtenção das benesses

Basta querer e porfiar no caminho de saber que já alcançou, estando em tranquilidade e pleno de serenidade. Nada mais precisa do que, no momento oportuno, ser sabedor das riquezas que alcança.

Ter tudo o que precisa para quando realmente precisa, não é a mesma coisa de tudo ter para mais ter.

No universo a abundância é ilimitada e, por isso, o pior é pretender obter algo por contraponto com a escassez. Isto é, ser possuidor de coisas porque entende que elas se esgotam, acabam e só você tem direito a elas.

Este conceito prejudica e elimina qualquer possibilidade de adquirir fortuna ou sorver das abundâncias universais. Elas nunca lhe chegarão. Você entende que existe escassez, então também será vítima do açambarcamento que os outros farão.

Peça agora as excelências da vida que sabe merecer. Deseje tudo com firmeza e bondade, esperando sem ansiedade que lhe cheguem as abundâncias da vida plena com que sonha e medite na reflexão ou invocação **nº 5,** deste livro.

Invocação 5

DURANTE

Como é bom saber que tenho tudo agora, que sou feliz e harmonioso e não preciso de mais nada para sorver cada instante da vida, fazendo do "nada ser" um torvelinho de "tudo poder".

Permanentemente, eu sei que é só no "durante" que existo esta existência e vivo esta específica vida.

Precisamos teimosamente, pois, de usar o que está ao nosso alcance e subsistir apaixonadamente.

Nada mais simples do que isso. Existir!

Devemos inquirir: porquê porfiar no amanhã, açambarcar o presente e passar a existir no vazio, que nada é?

Preocupamo-nos muito com o porvir controlado que não chega e esquecemo-nos de viver realmente, aqui e agora.

Guardamo-nos para "o depois" que frequentemente nunca o é, e morremos de imediato para o usufruto do que agora nos pertence.

Como é bom sentirmo-nos bafejados pela sorte de nunca pensarmos que nada se tem, porque tudo temos...

Só que nos esquecemos de tomar posse, de sentir e desfrutar. Com ligeireza, ansiamos por castelos de tesouros de puro egoísmo que nos tiranizam, quer os obtenhamos ou os deixemos fugir.

Não nos esqueçamos de que o universo só dá o que congeminamos e, às vezes, recebemos em dobro.

O que é uma carga de trabalhos quando mal congeminarmos, pois acabaremos por ter só o eco do que julgávamos ser verdadeiro.

Pedir tudo de bom é, em primeiro lugar, fazermos o melhor que pudermos. Então, o eco calar-se-á. Fica só a causa prima, o autor de si mesmo, sem mais do que tão só existir no exacto tempo em que se respira, aspira e realiza. O resto é outra vida!

06

O ZERO

O zero é a maior metáfora. O infinito a maior analogia. A existência o maior símbolo.

Fernando Pessoa

Aquele que na vida partiu do zero para não chegar a nada, não tem que agradecer a ninguém.

Pierre Dac

Saiba que o **nada** não existe e que o **zero** é sempre algo, pois se assim não fosse, não haveria, matemáticamente, o abaixo de zero que, ainda assim, permanece como podendo ser alguma coisa.

No universo não existe o **vazio** porque tudo está prenhe de energia, radiações, poeiras e matéria. A visível, sabemos ser composta de miríades de galáxias, sistemas solares, estrelas, planetas, cometas e asteróides.

Diz-se que é pouco para a infinidade celeste, mas a matéria negra ou invisível, que sabemos existir, ocupa percentagens colossais do espaço sideral.

Veja, no universo tudo faz parte de algo, com as explosões cósmicas, as estrelas que nascem e morrem, as radiações diversas, os ventos solares cataclismicos, o calor abrasador, o frio insuportável, o breu cerrado ou a luz que cega.

De tudo se compõe o universo, até do milagre que se regista numa lateral esquecida da Via Láctea, onde está o nosso Planeta.

Como explicar tantas inquietações e perguntas sobre a imensidão universal e a pequenez da Terra? Todavia, estamos aqui e somos até capazes de avaliar essa mesma imensidão em que nos encontramos!

Deste modo, podemos questionar: se tudo já existe no infinito universal e se o mundo assim foi andando com muitos outros a ocupá-lo antes de nós, é porque há uma lógica e porque vigora algum plano harmonioso que tudo sustenta.

A não ser assim, como explicar o tamanho das grandezas e das minudências sem fim que existem, nascem, vivem e morrem? Afinal, porque é que isto é assim e não de outro modo

Apesar das ignorâncias que nos habitam, se este universo não fosse explicável ou compreensível e não estivesse dotado de propósitos, tudo soçobraria perante o verdadeiro zero, que é irmos ao encontro do absolutamente nada. É arrepiante este horizonte.

O zero é a base de partida para o tudo que queremos, desejamos e obteremos. Mas saiba que é ao zero que depois teremos de chegar, pois vivemos para evoluir e do que materialmente obtivermos aqui, por muito que seja, nada levaremos.

Ciente de que vive acompanhado do que precisa, erga-se perante o Criador e demande, exija viver a vida de acordo com a harmonia e a abundância universal. Focado nessas realidades, leia a reflexão ou invocação **n° 6**, deste livro.

Invocação 6

O ZERO

As riquezas estão à mão de semear e todas as abundâncias do mundo são projecções do que demando.

Se preciso, peço e tudo alcanço no apelo do amor infinito de Deus.

Se tudo peço por querer bem e o faço a bem-querer, basta tocar o ar e tudo se torna fácil e acessível.

Mas tenho de me lembrar que Deus não retira as pedras com que tropeço nos caminhos. Dá-me uma boa vista para as ver e o engenho para as remover.

Se a pedra é grande demais, não interessa barafustar contra as dificuldades, tenho mesmo de me baixar e, com esforço, afastá-la ou contorná-la, se quiser passar.

Faço a minha parte para destruir as amarras e os empecilhos com que me envolvi ou deixei que me envolvessem.

Para isso, basta-me a vontade e a firmeza de tudo no Senhor abandonar. É tornar-me zero e desse nada saber-me tudo, pois até o zero é algo divino.

Como assim é, então o zero é do tamanho do mundo em que tudo cabe. Incluindo nós. Lá dentro, somos as centelhas divinas que abrilhantam o firmamento do Criador.

Ser zero é ser tudo, porquanto o universo surge a partir da essência divina que tudo ocupa no espaço sideral.

O vazio não existe. Se existisse estaria cheio de si mesmo e não haveria espaço para nada mais.

O vazio é a plenitude da ocupação do espaço e do tempo que inventamos e onde nada entra ou sai, porque as forças centrípetas e centrífugas se acomodam e aprisionam num enlace sem fim.

É o tudo total absoluto. Eu estou lá, porque estou aqui.

07

A GRAÇA

Cuide de vossa graça, pois aqueles ali não são gigantes, mas moinhos de vento, e aquilo que pensais serem braços são as pás que, girando o vento, movem a mó.

Miguel Cervantes

Todas as graças da mente e do coração se escapam quando o propósito não é firme.

William Shakespeare

Ninguém pode receber nada se nada tiver dado. É uma lei universal absolutamente irrevogável. Nunca será possível ser bafejado pelas vitórias se estiver isolado dos outros, não comungando da comunidade, esquecendo-se ou afastando-se daqueles que o cercam, com quem se cruza ou dos que são companheiros de jornada.

Saiba que nada é por acaso e que por mais breve que seja o encontro, a conversa, a singularidade, a coincidência ou as opções de vida e de companhia, tudo reflecte escolhas pessoais, conscientes e inconscientes, traduzidos por cruzamentos da vida com o que o universo nos presenteia de forma a fazer-nos evoluir.

Esteja permanentemente atento para saber qual o seu papel e de como deverá agir ou comportar-se.

Tudo tem um fim e esse fim converge em nosso benefício, sempre.

É preciso que essas forças universais que nos acompanham e

que atraímos, buscamos ou a nós se apegam devido a animosidades, desejos, afeições e sentimentos que carregamos ou forjamos, sejam fruto de bem pensar, reflectir e querer.

Então, antes de pretender receber e até compreender o que deve desejar, dê, vá dando o que puder e como puder, aceite estar sempre disponível e alerta para as emergências que lhe surgem e nunca pense que são demais.

As Graças que lhe foram emprestadas - será o universo a dizer-lhe - precisam de se multiplicar por muitas mais, de se distribuírem em miríades sem fim, criando correntes de amor, caridade, bondade, disponibilidade e amparo.

Nunca lhe ocorreu saber porque é que o mundo está assim feito, com tantas necessidades e dores, horrores e doenças, crimes e guerras, vícios, fome e pobreza, incapacidades e subjugações?

Veja, não faltam campos de batalha para os bons combates, eles estão por todo o lado e ao nosso lado. Porque não entra nesses combates e ajuda a tornar o mundo melhor?

Não é preciso ir para muito longe e acorrer às manifestas desgraças que vamos conhecendo. Olhe à sua volta, ouça na sua rua, sinta em sua casa ou veja-se a si próprio. O que precisa mais para ir à luta?

Comece hoje, agora e não é necessário vestir qualquer armadura ou fazer grande esforço. Basta deixar de andar de cabeça baixa e erguer o olhar. Não se sinta pedestre, mas águia voadora que do alto tudo alcança. Leia a reflexão ou invocação **nº 7,** deste livro.

Invocação 7

A GRAÇA

Obrigado por muito ter e por tanto poder dar.

Possuir a Graça é alimentá-la e distribuí-la como um gesto da misericórdia divina que alcança todos, mesmo os incautos.

Assim, a fortuna faz-se possuída pelos justos e bafeja aqueles que lutam pela vida verdadeira, que dão valor a cada minuto do tempo e, quando olham em redor, pousam a vista por onde espalham a Graça recebida.

A Graça não se contém, não é mensurável e muito menos gerível. Ela tem de prosseguir e precisa do impulso de cada um para se catapultar mais adiante.

A Graça pode precisar de perder mais tempo connosco, podemos complicar a sua progressão, levá-la pelos nossos descaminhos e até fazê-la retardar, embargando o seu ímpeto e prejudicando o outro que a anseia.

Mas se quiser ser uma "via verde" para a Graça, abra as portas à caridade e ao amor e deixe passar a dor que chora, confortando o sofrimento que no outro se ancora.

Destrua o colete da sua auto-suficiência insensata e nunca esqueça que o Sol ilumina sempre, sem cessar, mesmo quando se julga abrigado à sombra.

Atenção, você é que se permite ter, em cada dia, o seu lado escuro da noite. Se nada fizer para que clareie, nunca amanhecerá e o Sol manter-se-á no ocaso.

Ouse, então, decididamente, ver a noite como uma parte do dia e tudo ficará claro.

A próxima noite, a que permitir que lhe venha, será matizada por um intenso e límpido luar e sentirá a Graça a passar.

Aceite-a, mas não a tente segurar, porque é certo que então fugirá.

08

FLUIR

A mente que se abre a uma nova ideia jamais voltará ao seu tamanho original.

Albert Einstein

Uma pedra que rola não cria limo.

Jonh Heywood

Deixar-se fluir como a brisa que sopra, independentemente dos obstáculos ou impedimentos, é um acto de inteligência e um manifesto gesto de bom senso.

Quando se age árdua e penosamente para obter algo é porque não se está conforme a harmonia que o universo reclama, pois pode obter-se tudo com simplicidade desde que se deseje firmemente, se estabeleça um plano de acção e se fixem metas temporais e quantitativas.

Interiorize-as sem colocar condições ou determinar formas em como usufruir dessas benesses.

Queira, peça e assuma a consumação do pedido, anteveja datas ou quantidades, visualize como está a utilizar o que pretende e compenetre-se de que já tem tudo o que solicitou.

Não precisa de insistir com teimosia. Basta repetir, relembrar ou tornar o assunto um pensamento constante, quotidianamente. Se estiver em paz e serenidade e convicto de que assim será, aceite que tudo está ao alcance da sua mão e que o agarra se a fechar. Já tudo lhe pertence.

Considere-se o marajá do seu lugar que em tudo tendo, tudo está dando. Não tombe na tentação da soberba e ostentação ou do esbanjamento e da avareza, porque assim jamais será o alvo dessas pretendidas riquezas. Elas não servirão quem as não saiba respeitar, pois só não as violando se cumprem as abundâncias do universo que não conhece restrições, escassez, imperfeições ou tempo.

Para o universo tudo é um fio contínuo, sem princípio nem fim, onde tudo acontece como numa fita cinematográfica que nunca pára e que, no seu desenrolar, a tudo absorve. Isto é, sem estar na película, nada pode existir.

Você está presentemente a cumprir com os seus pensamentos e actos e não poderá evitar continuar a fazê-lo. Mesmo uma eventual recusa sua não passará de um pormenor do papel que tem de cumprir.

Portanto, deixe-se levar pela brisa e harmonize-se com tudo quando de bom o rodeia. Busque a paz, a serenidade e a bondade.

Queira as riquezas, as vitórias, a saúde e a felicidade que entenda e tudo terá se mantiver o seu percurso devidamente enquadrado com a plenitude universal de que faz parte.

Leia e releia a reflexão ou invocação **nº 8,** deste livro.

Invocação 8

FLUIR

Eis a verdade! As benesses chegaram e posso tocar-lhes. São iguais às que sempre antevi. Não lhes noto diferenças.

Afinal já eram minhas, sei-o agora. Apenas demoraram o exacto tempo em que as impedi de chegar até mim. Bastou libertar-me dos obstáculos que fizera meus.

Sinto que tudo se conjuga para que os resultados dos meus empenhos se multipliquem. Vejo em cada um deles, esforços ao limite para poder ir mais além.

De repente, na busca de bem-querer para bem-fazer, sem me dar conta da lama e da terra batida onde calcorreiam os meus pés, vejo-me a pisar as estepes de prata de onde sobressaem canaviais de ouro reluzente.

Aceito, pacificamente, que tudo em que me envolvo progride e prospera.

Sei que a minha mente é um pedaço da grandiosidade divina que se multifaceta pelo universo sem fim e que tudo está no sitio certo e num espaço-tempo absolutamente correcto.

O segredo para as benesses é nunca esquecer que somos um tubo de fluidez que se ressarce num instante, como os corais que colhem os nutrientes da água enquanto absorvem a radiação solar e sobrevivem, crescem e se reproduzem num ápice, sem nunca obstarem a nada que os circunde.

Apenas usufruem e deixam fluir.

É essa a riqueza que nos rodeia, mas recusamos vê-la porque nos tornamos algozes do espaço e do tempo, das coisas, de tudo.

Cegos de escuridão fica-se sem nada.

Recuso-me a cegar. Por isso, ao raiar do Sol, acumulo a sua luz, transformo-a e ponho a render o calor nos dias de Inverno.

09

A BALANÇA

Contrabalançai promessas com promessas e estareis a pesar o nada.

William Shakespeare

No amor nunca os pratos da balança estão equilibrados. E como a essência do amor é etérea, quem pesa mais é quem ama menos.

Vergílio Ferreira

Se há alguma certeza na vida é a de que, nada existindo por acaso, também tudo o que se pensa, imagina ou faz, é medido, pesado e avaliado. As causas levam sempre a consequências e estas traduzem-se em resultados com efeitos sem fim.

As consequências não resultam só de acções concretas ou de causas físicas. Sobretudo, advêm do que pensamos, do que imaginamos, das conjecturas e dos cenários com que povoamos a mente. É aqui que tudo nasce. É por isso que o pensamento é a primordial força universal que nos está atribuída.

Sem antes pensar, reflectir ou imaginar, nunca nascerão os projectos ou se realizarão as obras. Elas são fruto do pensamento e este, uma vez desencadeado pela mente, não possui limites, viajando pelos confins do universo em demanda de qualquer consumação.

Assim, devemos compreender que é pelos pensamentos que nos movemos no mundo, percorrendo os trajectos que nós mesmos determinamos e que, por isso, só a nós deverá ser assacada qualquer responsabilidade pelos destinos pessoais.

Sabedores desta realidade, podemos estar precavidos e numa introspecção assídua sermos nós próprios a medir, a pesar e a avaliar o que pretendemos fazer e realizar, viabilizando os pensamentos que aceitarmos deixar evoluir na nossa mente. Eles procurarão densificar-se na concretização desses desejos de realização.

Se não souber atalhar ou filtrar os sucessivos pensamentos que a cada segundo ocorrem, seleccionando apenas os positivos, afirmativos, alegres e prósperos, entenda que não sairá vitorioso da peleja, pois tal é impossibilitado pela confusão com que as volições colidem com a harmonia e a concertação do universo.

Saber bem o que quer, focar-se nisso e coincidir esses propósitos com a paz e a tranquilidade da vida que sabemos proliferar porque a natureza assim é, cria uma caixa postal para a fortuna.

Neste ambiente existem todos os ingredientes para que subsista a abundância necessária que permite cumprir os desígnios da nossa missão nesta vida.

Se permitir o fluir da existência que tem, no contexto do que se permite viver verdadeiramente, alcançará as delícias por que anseia.

Inspire o ar como se recebesse a ultima gota que liquida a sede e firme, leia a reflexão ou invocação n° **9,** deste livro.

Invocação 9

A BALANÇA

Se possuo tudo e em tudo posso, sou efectivamente rico. De riquezas sem fim, incomensuráveis que nem sei como as enquadrar nos meus balancetes contabilísticos.

Com essa dificuldade, só encontro um meio de avaliar as riquezas: pesá-las na balança da vida que tenho, na vida que aos outros dou e na vida que dos outros recebo.

Não consigo medir de outra forma a grandeza das múltiplas receitas e proventos que aufiro.

Apenas temo não possuir os pesos suficientes para essa calibragem diversa.

Constato, surpreendente e amiudadamente que o que me parece pesar tanto na tal balança da vida fugaz, na realidade, espiritualmente, não acusa peso algum e até esvoaça.

Nesses casos, o vento é suficiente para aclarar a dimensão da fortuna, pois nada melhor que uma brisa suave para levar o tanto e o tão pouco que antes, esse mesmo vento, me trouxera.

Se a pesagem que faço, demora idêntico tempo, entre o que vem e o que retorno, será mau, pois pouco terei feito para multiplicar o que me chegou. É o balanço zero.

Mas se demorar mais, então estarei a devolver o que recebi e ainda mais me sobrará.

O receio é que o vento demore menos a retornar os tesouros com que fui cumulado. Assim, terei depreciado as riquezas e então, a pobreza que não me pertencia, passará a ser a minha companhia.

Nunca se pode ser próspero envolto nos trapos imundos com que nos ocultamos ou exprimimos.

Estando nu, sempre vejo melhor em como me cobrir. Não da nudez, mas dos defeitos que possuo.

10

A PARTÍCULA

Lê o que escreveste, e cada vez que encontrares um trecho que te pareça particularmente belo, rasura-o.

Samuel Johnson

No fundo, sinto que a minha vida é sempre governada por uma fé que já não tenho. A fé tem isto em particular: mesmo quando desaparece, continua a agir.

Ernest Renan

Vive-se actualmente o absurdo do vazio, do tempo finito, da falta de propósitos da existência, da subsistência material adveniente de somas acidentais, do progresso pela lei do mais forte e pela consagração simplista da regra do acaso e da necessidade.

Tudo isto dá corpo a um persistente pessimismo no nosso mundo das aparências que sempre indicam que as ocorrências dependem de situações extraordinárias e fortuitas.

Esta constatação é aniquilante porquanto nos determina o vazio que a todos acompanha.

Não haja dúvidas de que sem fé e só perante a razão, tudo é incompleto, imperfeito e parcial. Os esforços da razão, embora imparáveis e necessários, não passam de ténues contributos para compreender de onde viemos, porque estamos aqui e para onde vamos.

Se somos integrantes da criação universal e provimos da

ancestralidade que nos precedeu, independentemente de como começou, do que deu azo a que tudo fosse assim e não de outra maneira, sem avaliar as condições, as circunstâncias ou os condicionamentos dessa gestação, nada importa agora porque de nada valerá apurar o como e o porquê do que realmente sucedeu.

Todavia, se podemos ter uma certeza é a de sabermos que estamos aqui e neste "agora" onde temos de viver para desempenhar o nosso papel.

Dúvidas não hajam de que somos portadores desse tempo que remonta ao colossal acto criador e connosco viaja essa poderosa força primordial, imparável e de pleno alcance.

Saibamos usar essa força em reciprocidade para com o universo. Se não lhe dermos uso, estiolará e a sua energia, em vez de pulsar como um Sol, transformar-se-á num buraco negro. Então, em vez de estarmos virados para fora, aquecendo os nossos mundos, seremos absorvedores de tudo quanto nos rodeia e sufocamos.

Por mais que lutemos ou recebamos ajuda, nada funcionará uma vez que de um buraco negro nada pode sair. Só há uma possibilidade de reverter a situação: implodir, sucumbir para nós próprios, abrir as forças centrípetas e fazê-las centrífugas, forçando-as a expelir tudo quanto absorvemos. Mas de forma burilada.

Ao receber tosco e devolver trabalhado, contribuiremos para um mundo melhor.

Compenetrado, leia a reflexão ou invocação **n° 10** do livro.

Invocação 10

A PARTÍCULA

O Senhor pousou o seu olhar em mim e fez-me vencedor. Da partícula única que eu sabia ser, compreendi que afinal faço parte Daquele que É.

Sou uma criatura de Deus, um sinalzinho de si próprio, um fruto da criação que dele mesmo emanou e emana, continuamente, sem cessar.

Deste modo, sou poderoso porque encarno o poder da criação.

Quem ousa então prejudicar-me? Insensatos os maliciosos que não se atêm nos seus permanentes fracassos...

O Senhor é pródigo e tudo providencia. É preciso estar atento se queremos participar do banquete celeste!

Mas que não haja equívoco com os recheios de agora, pois sempre precisam de apólices de seguro obrigatoriamente transitórias.

Nada poderá suster o desequilíbrio dos edifícios que cada um ergue quando as fundações assentam na ausência de profundidade ou se ancoram em estreitezas do projecto.

Necessariamente soçobram e tornam-se escombros.

Não basta existir e permanecer estáticos à porta da mesma soleira da casa onde, de tanto nos sentarmos, nos confundimos com o degrau.

A escadaria, assim, decresce tanto quanto a nossa insignificância nos exaure. Por fim, fica só o degrau.

Se assim for, não passamos de tubos digestivos sem que nada mais exista. O que entra logo sai e nada se transforma ou fica. Apenas um tubo flutua...

Isto é: vegeta-se enquanto o Sol brilha, as aves voam, as flores matizam, os rios correm e a neve cai.

E a todos os instantes o mundo se renova e avança.

11

A MAJESTADE

Em toda a obra de génio reconhecemos os pensamentos que havíamos rejeitado. Estes retornam a nós com uma certa majestade alienada.

Ralph Emerson

A verdadeira grandeza da razão consiste em poder compreender toda a majestade e sublimidade da fé. As contradições e os abismos da impiedade são ainda mais incompreensíveis do que os mistérios da fé.

Jean Massilon

Vençamos o sentimento de abandono, de que estamos sozinhos e entregues ao destino incerto. Não, não é verdade. O certo é que somos donos de nós próprios, de que temos de lutar e vencer por nós e que precisamos de cumprir com os nossos desígnios.

No universo não existe o vazio e muito menos a solidão, por muito abismais que pareçam as distâncias estelares.

O espírito de Deus está em todo o lado e tudo tem a ver com tudo. Participe dessa formidável concertação de forma animada e empenhada. Não seja triste e não desanime, não se derrote pelo negativismo, pelos sentimentos de revolta, de vingança, de inveja ou de mesquinhez. Isso invalida e destrói qualquer hipótese de superar as dificuldades.

Os desígnios, todos eles, são fruto do que pensamos, sentimos, imaginamos e criamos. Assim sendo, se não estivermos satisfeitos com a condição em que nos encontramos, temos de fazer as modificações necessárias.

Deus é o todo-poderoso que nos anima e se nele confiarmos, tudo é possível. Não estamos sós, esquecidos ou perdidos. Pelo contrário – somos parte do infinito criador.

Que nunca nos consideremos incapazes, impossibilitados, defeituosos ou limitados. Somos detentores de todos os poderes susceptíveis de nos transformarem para mais e melhor, de conseguirmos ter o que quisermos, de ser felizes, sãos, fortes e vencedores.

Se pararmos um pouco para ouvir a nossa reflexão e escutarmos os pensamentos, podemos dar-lhes uma precedência, escolhê-los, encaminhá-los e focá-los numa rotina implacável. Passaremos, assim, a sentir que somos donos de nós mesmos e que dominamos o que pensamos. Então, obteremos as vitórias e os triunfos ambicionados.

Tudo começa em si quando pensa. Os pensamentos, que são constantes, eclodem e evoluem a velocidades incríveis. É preciso aprender a formatá-los antes de se deslocarem para fora da mente e vaguearem pelo universo. Eles não descansam enquanto não obtiverem o que procuram, conforme os códigos que transportam.

Estes códigos são você que os constrói, com ou sem intencionalidade, apenas porque deixa a mente sem amarras ou balizas. A mente ferve como a água em ebulição sem que se consigam conter as bolhas que vaporizam. Será certo que, haverá temporal a partir das nuvens mal formadas.

Leia a reflexão ou invocação **nº 11,** deste livro.

Invocação 11

A MAJESTADE

É o divino criador quem nos livra da escravidão, nos retira as grilhetas das vastas misérias que possuímos e nos projecta para a construção dos horizontes cristalinos, imediatos e saciadores.

Ele é poderoso e em nós repercute o seu punho de glória contra as catacumbas dos vícios e das dores que nos enfermam, fazendo-nos detentores de boas pertenças.

É a majestade divina que nos sustém por sobre todos os precipícios da vida e nos faz pairar, sem desfalecer, sobre tesouros fabulosos.

É incrível que o seu infinito caiba em nós, que o criador more na criatura e que nós o possamos conter, estando ao mesmo tempo contidos nele.

É o absurdo do amor de Deus que em tudo é consequente e fidedigno.

Nós, que tudo ignoramos ou fingimos saber, ficamos atónitos pela misericórdia sem fim com que somos cobertos.

Frequentemente, ante a réstia de incerteza que teimamos em manter, sucumbimos apesar de bem conhecermos as sandálias de quem se nos apresenta à porta, inusitadamente.

Se aceitarmos percorrer as incertezas diárias com a fé que move montanhas, galgaremos todos os abismos que não ousarão enfrentar-nos perante a nossa firmeza.

Avançar com determinação é a palavra de ordem e todos os penhascos serão avassalados pelo galope da nossa corrida.

Não olhemos para trás, já que nenhuma pegada se notará nas cinzas do percorrido.

Não busquemos as marcas dos nossos próprios passos, pois desconhecemos que já não andamos. Voamos!

É Deus quem nos transporta.

12

A CERTEZA

Certeza, servidão.

Jean Rostand

Aquilo que os homens de facto querem não é o conhecimento, mas a certeza.

Bertrand Russel

Sempre se tem dito que não existe nada certo neste mundo a não ser a morte e, mesmo essa, dúvidas há se é o fim absoluto ou uma passagem para outro lado.

Mas a verdade é que, a ser assim, é certo que se vive na incerteza. Afinal, exige-se um determinismo para justificar o indeterminismo.

Ou seja: busca-se o equilíbrio porque se está no desequilíbrio e, se aí se chegar, o desequilíbrio impor-se-á obrigatoriamente como pêndulo de uma balança em sentido inverso ao peso justificativo.

A recusar-se esta asserção, atingido o equilíbrio, verificar-se-á o marasmo e isso, pela natureza das coisas, tal como experimentamos e conhecemos da ciência, é impossível, dadas as leis que ditam a dialéctica permanente da entropia em todo o universo.

As leis que regem o firmamento, o conhecido e o que se julga depreender, conforme as teorias da física e química quânticas, ou os enunciados da matemática ou da termodinâmica, são claros quanto à ordem do caos e à inconstância dos equilíbrios em que o mundo subsiste.

Mas, também, de como coabitam os componentes que, no seu todo, são uma harmonia sem a qual nada poderia vigorar.

A atracção e repulsão, nascer e morrer, explodir e implodir ou cindir e fundir, por mais demorados ou brutais que nos pareçam, são apenas momentos fugazes e inexpressivos da infinita existência em que se manifesta o universo, absolutamente encadeado, correcto e certo.

Embora não possamos apreender, inteligentemente, o que é este global harmónico, dado o infinito que o mesmo constitui e por isso incognoscível pela lógica ou imaginação humanas, temos a certeza de que só o divino pode corresponder à inquietação das magnas dúvidas existenciais: de onde provimos, porque aqui estamos e qual o nosso destino.

Quem disto souber sempre vencerá, pois não há força maior do que a génese da própria força. Basta deixarmo-nos nela viver e com ela, livremente, caminhar.

Ciente de que tudo é possível, então existe-se na certeza daquilo de que se está certo. E isso é o mais importante!

Mova-se aí garantidamente e reveja-se nessa certeza, lendo a reflexão ou invocação **nº 12**, deste livro.

Invocação 12

A CERTEZA

O amor de Deus sempre vencerá e quem dele usufruir nunca sucumbirá. Antes resistirá a todas as investidas da iniquidade e da injustiça, da perseguição e da falsidade.

Eu já venci porque o Senhor pousou o seu olhar em mim e ouviu a minha prece.

Não fora a certeza de Deus e nada valeria a pena.

Que sentido teria a vida se do acaso viemos, por um acaso aqui estamos e, no fim, por acaso, para o ocaso vamos… Isto é: viemos, estamos e ficamos no mesmo sítio. De onde, assim, nem valia para aqui termos vindo…

É dessa garantia esperançosa que tudo nos surge e a tudo podemos. Todas as torpezas soçobram perante o sinal de que pertencemos ao amor universal e divino que em nós se concretiza.

Se no universo tudo nos pertence, já que o abarcamos na nossa prodigiosa mente, apesar de nele estarmos inseridos, então podemos moldar o lado que nos cabe, utilizando o poder de nos sabermos centelha divina, percorrendo as elipses que vamos formatando pela nossa identidade.

Se a tendência para o equilíbrio é a lei mais fundamental do universo, embora o desequilíbrio seja a constante de que fazemos parte, será pelo esforço individual que o fiel da balança se aproximará do ponto equilibrador.

Nós pendemos iniludivelmente para a evolução e, nesse sentido, teremos sempre a obrigatoriedade de ascender, mesmo que seja difícil ou até desistamos. Não há meio de evitar essa pulsão.

Temos é de saber que a um determinado tempo, embora sem tempo, o mundo calibrará por cima e traçará uma bissectriz irreversível.

Mas tal conhecimento, sendo certo, não nos é, por ora, permitido conhecer.

Ter a certeza é saber que as brasas são apenas o carvão que se incandesce por amor às cinzas.

13

A ALEGRIA

A única alegria no mundo é começar. É bom viver porque viver é começar sempre, a cada instante.

Cesare Pavese

No meio das trevas, sorrio à vida, como se conhecesse a fórmula mágica que transforma o mal e a tristeza em claridade e em felicidade. Então, procuro uma razão para esta alegria, não a acho e não posso deixar de rir de mim mesma. Creio que a própria vida é o único segredo.

Rosa Luxemburgo

Diga não à melancolia, à tristeza, à depressão, ao embotamento ou à incongruência de menosprezar a vida, de a diminuir ou desvalorizar e de contra ela atentar, seja por que meios ou causas forem.

Só degrada, prejudica ou apouca a vida, quem assim quer e para isso basta estar vivo. Parece contraditório mas é a realidade. É como se fossemos contra a fome e, ao mesmo tempo, não quiséssemos comer. Um absurdo!

Viver é crescer perante o criador, é dizer-lhe obrigado, agradecer-lhe pela existência e sorver tudo quanto o universo tem para nos dar. É amar tudo em nós e nos outros, ao nosso redor e para além dele. É vivermos e ajudar a que se viva com intensidade, com sabedoria e felicidade.

Bem sabemos que as circunstâncias, os condicionalismos ou o meio e o lugar, pesam nos percursos que temos de fazer. Mas isso faz parte da química da evolução pessoal e das lições que precisamos receber para nos aprimorarmos.

Sendo assim, o único método de actuação positivo é tirar o melhor partido de "como" e "onde" se está, procurar o melhor caminho, desejar o que se quer e tem de mudar, pedir e agir em conformidade.

Se ambicionar tapar-se do Sol, deve pensar em como cobrir a cabeça, adquirindo um chapéu ou procurando um abrigo.

Saiba que a alegria advém de si e não dos outros, que a felicidade não surge de fora, que triunfar na vida é alcandorar-se você mesmo ao pedestal. Basta querer, focar e desejar veementemente e abandonar-se ao universo criador.

Festeje a vida e delicie-se seja em que condições forem. Aja bondosa mas firmemente sobre o que tem e o que deve alterar e liberte-se dos incómodos em que vive. Saia do passado e dos que o afectam. Deseje-lhes o bem e entregue-os à misericórdia divina. Basta arrumar na cabeça que é assim e nada mais.

Se assim fizer, ordenando e limpando o seu sótão, ficará livre dos constrangimentos e infelicidades, por mais gravosas, lesivas ou impenitentes que sejam.

Se já decidiu que o passado está liquidado e que os seus agentes findaram os papéis que desempenharam junto de si, independentemente de quem sejam e do que tenham feito, não precisa mais do que encerrar esse compartimento e com determinação libertar esses pesos, deixando-os ir embora. Eles vão mesmo!

Radiante, leia a reflexão ou invocação **nº 13**, deste livro.

Invocação 13

A ALEGRIA

A alegria sempre retorna à vida e tudo volta a sorrir pela amplificação da felicidade e da harmonia de bem absorver a nossa eterna condição humana de ser e de estar, aqui e agora.

É o desafio da existência impondo a urgência em prosseguir, o que só é possível olhando em frente, apreciando as belezas e os encantos da Criação. Avançar é reconhecermo-nos como uma excelsa obra do divino que em nós se demorou.

Sendo a vida fantástica, como podem os nossos mundos inferiores obrigar a ver tão curto, tornando-nos prisioneiros das estreitezas ou fazendo-nos tombar nas profundezas dos olhares desfocados?

Queiramos que o Senhor seja sempre o nosso defensor e não permitamos que os falsos tomem posse de nós.

Expulsemos os medos e os receios, as hesitações e os negativismos, a timidez e a falta de afirmação, a inactividade e o derrotismo, a desconfiança e a murmuração, a desesperança e os juízos prévios ou os preconceitos e as intolerâncias.

Recusemos as artimanhas, os ardis, as armadilhas e os alçapões que nos lançam e, também, os que ponderamos lançar.

Para garantir tudo isto, temos de planar leves, suportados na brisa do mandamento divino que nos determina a amar o próximo como a nós mesmos.

Façamos do Sermão da Montanha, o lema da nossa vida e todas as boas abundâncias nunca nos abandonarão.

É preciso gritar de alegria que o Senhor reconforta os necessitados e protege sempre os excluídos que o buscam.

Nenhuma inquietação ou tribulação por coisas deste mundo poderá ser razão para perturbar a nossa paz!

Se Deus está connosco, quem nos poderá desafiar?

A tranquilidade é definitiva.

14

AS ESTAÇÕES

O amor é a única flor que brota e cresce sem a ajuda das estações.

Khalil Gibran

O verdadeiro é semelhante a Deus; não aparece espontaneamente, temos de o adivinhar pelas suas manifestações.

Johann Goethe

A perenidade não significa um corrupio entre "o antes" e "o depois", num indistinto trajecto sem rasto. Não! A perenidade que possuímos percorre sempre uma linha bem definida, traçada no universo infinito que tudo sustenta e que sempre existiu e existirá.

É como ir riscando a estrada em que andamos ou deixar pegadas no caminhar que fazemos na praia. A areia já lá estava quando decidimos caminhar nela, não sabemos é quando e onde vamos sair dela. Todavia, deixamos as marcas e por elas podemos aferir o trajecto e as dificuldades, os nós da vida e de como perdemos ou triunfamos.

A vida tem a sua cadência entrecruzada com o meio em que

influenciam. Dentro de nós habitam, igualmente, outras naturezas cósmicas, mas tudo sob a capa da personalidade que somos.

O que se nos pede é que tenhamos em atenção que dentro da perenidade que nos rege há regras, leis e interdependências inultrapassáveis. Apesar de tudo ser possível, tal só é concretizável quando se cumpre com o que se encontra estabelecido.

Se assim não fosse, o universo seria um absurdo e não a harmonia extraordinária que se sabe.

Não se confundam as explosões estelares, as implosões das anãs brancas, as colisões das galáxias, a compressão dos buracos negros ou o nascimento e fim de sistemas solares, com a destruição e o caos desprovidos de um determinismo ou objectivo evolutivo.

Não. Tudo está numa concertação permanente e as causas, os processos ou as consequências, são fruto de leis e regras férreas que subsistem e condicionam tudo o que sucede no universo. O único propósito é o desígnio de Deus, uma vez que Ele é Ele mesmo e a sua própria criação.

Nós o que somos então, neste universo?

Somos a consciência do próprio universo que a partir dele nos criamos. Isto é: o universo existe e dele se sabe porque nós existimos e lhe atribuímos existência. Somos poderosos porque reinamos nele e nele nos albergamos e o universo precisa de nós para darmos a notícia de que existe.

Somos, afinal, o olhar introvertido desse cosmos sem fim.

Movido pela emoção de se saber rei da vida, leia a invocação **nº 14**, deste livro.

Invocação 14

AS ESTAÇÕES

O calendário da vida não pode ignorar as Estações do tempo e é por isso que as folhas caídas do Outono antecipam os rigores do Inverno.

É devido ao frio gélido das noites açoitadas pelas tempestades que desejamos que o tempo mude. Então, acabamos por sonhar com as flores da Primavera.

Assim é com cada um de nós. Se pensarmos negro, escuro se fará. Se quisermos luz, o Sol sempre despontará.

Tudo segue o que cada um quer da vida e de si mesmo.

É claro que há quem queira que chova e troveje. Mas nestes casos, só nos molhamos se acharmos que o mau tempo, verdadeiramente, nos encontra desabrigados.

Tal qual como quando Cristo acalmou as águas revoltas que ameaçavam o barco dos pescadores, só é preciso falar com Deus e a viagem será tranquila.

Mesmo as tempestades não deixam de trazer o bom tempo. Elas sempre passam.

Precisamos que, nesse passar, a força do mau tempo leve os destroços que antes havíamos acumulado e dos quais não nos conseguíamos livrar.

Porque queremos fazer um tronco a partir de um palito e aceitamos que uma coisa pode ser ela e o seu contrário, ao mesmo tempo?

Se temos de vencer, não lavemos e enxaguemos as mãos como Pilatos. Decidamos assumir os nossos actos com ousadia, na certeza de que perseguimos os desígnios da liberdade e da evolução.

Tenhamos mãos amplas para o abraço fraterno e sintamos que se respira porque existe a clorofila. E esta não nos pede nada em troca.

15

PEDIR

O melhor modo de pedir é agradecer.

Pe. António Vieira

É estupidez pedir aos deuses aquilo que se pode conseguir sozinho.

Epicuro

O segredo para um sucesso retumbante no desenrolar da vida é seguramente ver o mundo como um jorro de abundância e de recursos inesgotáveis que podem saciar tudo e todos, sem preocupações e restrições, receios ou ganancias de açambarcamento.

Tal visão só pode advir de uma alteração consciente e positiva das circunstâncias ou ocorrências em que se tem estado e que ainda se sucedem. Isto é: tem de se aceitar que os factos susceptíveis de alteração não podem ser vencidos nas suas consequências mas sim nas suas causas, para que então se mude a realidade subsequente. De facto, só pode mudar quando se decide a fazê-lo e a mudança só se manifesta naquilo que está para chegar...

Depois desta decisão, é preciso intervir firme e resolutamente no âmbito dos mecanismos mentais e agir dentro dos pensamentos, vincando procedimentos irredutíveis no que concerne aos propósitos da transformação que pretende.

Só desta forma o acto de **pedir** deixa de ser esmolar, mendigar ou esperar que de fora nos tragam o que precisamos, por factores fortuitos de quem passa, de doadores ou de benfeitores.

Não é disso que se trata. Pedir é o primeiro gesto que antecipa o forjar do pensamento criador, a génese do arquétipo da mudança. É sair do pedestal ensimesmado da introspecção tombada sobre os labirintos mentais que atrofiam e impedem de ver bem o novo mundo.

Pedir é a síntese das forças que libertam, porque faz cair o egoísmo da centralidade e abre-nos para a ajuda do universo, desde que se peça o que não é de outrem, mas aquilo que nos pertence.

Aqui reside a novidade revolucionária, distinta da piedade e da dependência de terceiros.

Pedir o que nos pertence desde sempre, mas que antes ignorávamos. Desconhecíamos essa herança e nem sabíamos como aceder a ela. O que muda é que agora já sabemos como lá chegar e de como usufruir dela.

Devemos apoderarmo-nos dos tesouros a nós destinados.

Todavia, esses tesouros só subsistem quando os vivemos afinados com a universalidade livre e transformadora. Se não replicarmos tais sentimentos e actos, se não multiplicarmos o recebido e o não distribuirmos conforme a abundância com que o auferimos, tudo definhará. Ou seja: quando pedirmos, temos de nos ver dando.

Na certeza desta verdade, leia a reflexão ou invocação n° **15**, deste livro.

Invocação 15

PEDIR

Eu peço para viver ajustado ao mecanismo universal da harmonia, perseverar com fé e assumir uma atitude positiva permanente no pensamento e na acção. Estes são os fundamentos para uma existência activa, próspera e proveitosa.

A prática da tolerância, o exercício da humildade e a constante afirmação de compreensão, de mim mesmo e dos outros, a par da aceitação de que tenho de intervir no que me está a acontecer, estrutura a alegria de viver e dá-me o tom vitorioso com que enfrento o quotidiano.

Peço a ajuda do Senhor e oro em todas as dificuldades e isso encaminha-me para o abandono incondicional dos suplícios que me atormentam. Assim, passo a deixar fluir em mim o amor pleno e misericordioso com que fui banhado no acto criador.

Agradeço a vida que tenho e as minhas próprias circunstâncias, luto pelos aperfeiçoamentos e conto com a certeza de que tenho permanentemente do meu lado, uma boa estrela. Isso permite-me suportar e vencer todas as inquietações.

De ciência certa sei que a bondade será sempre reconhecida e recompensada e, por tal, nunca mais serei atalhado de supetão pelas surpresas negativas que os caminhos comportam.

Afastando o que separa e procurando juntar o que une, consubstancio e legitimo o meu aprimoramento em função da minha evolução.

Aceitar o que me indica o coração, apesar de a lógica mostrar incertezas, significa persistir na proximidade do divino e isso não dará tréguas às contrariedades que as minhas imperfeições impõem.

Como assim é, vejo que vale a pena acreditar que nunca desistirei de procurar o bem.

O bem é sempre o eco de como agimos quando passamos por alguém que necessita de nós e que, sem dar pela nossa passagem, sente que lhe deixamos preenchido o regaço das suas carências.

16

RECEBER

Tudo o que dás - receberás de volta, o que não dás, ficará para os outros.

Shota Rustaveli

Se as pessoas não melhoram para si, melhore para as pessoas. Seja digno e receberá dignidade. Veja-as com outros olhos e será visto com nova óptica. As imperfeições que julgamos nos outros muitas vezes estão em nós mesmos.

Inácio Dantas

Estar em graça é viver em harmonia e paz, mesmo quando envolvidos no turbilhão ciclónico que a vida gera e onde temos de existir com os outros, nas condições e circunstâncias que vigorarem.

Quer isto dizer que é a consciência que domina a vida e ela é fruto do cultivo com que os nossos pensamentos gizaram e decidiram lavrar a terra onde plantamos o futuro.

Então, esta sintonia de estar em paz e de intervir capazmente no mundo turbulento que nos envolve, torna possível receber as graças com que somos cumulados.

Graças misericordiosas porque advenientes únicamente da bondade divina, mas maravilhosas porque se encaixam, em plenitude, nas formas que criamos pela nossa disponibilidade e prontidão face ao devir.

Ao percepcionar as bênçãos, isto é, ao tomar consciência das miríades de bem-aventuranças que nos chegam por cada simples acto de doação ou entrega pessoais, a nossa luminescência torna em planície qualquer montanha íngreme.

Todo o universo responde com eco redobrado ao nosso chamamento e produz um efeito concomitante.

Qualquer som que não produzamos por força do mutismo a que nos impomos, torna-se tumba do pensamento que se não se expôs e se perdeu. Tal, inibe a gestação criadora e positiva que viabiliza o progresso e a evolução.

Não há no universo, eco sem som primário, nem saciação de necessidades sem decisão e anúncio prévios de um desejo volitivo ou de uma assumpção inequívoca da propriedade reclamada.

Para receber tem de declarar préviamente que é o legitimo possuidor do solicitado. Se assim não for, não será possível entregar uma propriedade a quem não é, de facto, o seu dono manifesto.

A disponibilidade e a prontidão são necessárias para se cumular de graças, mas a sua importância e repercussão na vida só se concretiza quando são entendidas.

Para isso, é necessário um discernimento espiritual, separando o que a nossa falta de virtudes tolda pelos defeitos e o que verdadeiramente são as graças que nos fazem voar sobre os nossos telhados imperfeitos.

Abra-se para receber as graças e percepcione-as, lendo a reflexão ou invocação **nº 16,** deste livro.

Invocação 16

RECEBER

Receber graças e em cada graça saber que as vilanias nelas se desfazem, conforta o nosso desassossego e aquieta as almas.

Todavia, torna-se premente percepcionar as bênçãos e entendê-las, mesmo que se não infiram, de imediato, os seus totais propósitos.

Senhor, eu preciso que me faças pensar bem, ver melhor, discernir acertadamente e sentir com sentido.

Ajuda-me agora a decidir com precisão e a agir com prudência, a estar com oportunidade e a ouvir sem ruído, a dar a mão a tempo e a amar sempre.

Se não sou um fruto do acaso e aqueloutro não é um acaso fortuito, se tudo tem uma razão de ser e nada pode estar fora do concerto divino, sei-me a sorver, inebriado, de delícias tamanhas que recebo únicamente por existir.

Obrigado Senhor, pela brancura da minha alma, pela transparência da minha vida, pela luz resplandecente da minha consciência, pela harmonia dos meus actos e pela justeza do caminho que percorro.

Banhai-me no teu manto misericordioso e aquietai-me no perdão de todos os perdões.

Não me deixeis cair no desfalecimento. Antes, erguei-me em triunfo face às adversidades e tornai-me capaz de sublimar qualquer fracasso.

Fazei de mim um holofote de luz diferida, da tua luz pura, a única susceptível de fazer da noite dia e de trazer, das profundezas, todos os desesperados do mundo.

Os hinos de glória ecoam por todo o lado. Saibamos ouvi-los, pois anunciam-nos o que falta percorrer. Seremos nós a traçar os caminhos e se participarmos na sinfonia, bastará seguir em frente.

Para tocar um instrumento, antes de o usar é preciso conhecê-lo, de agilizar os movimentos e de ler a pauta. Assim, a música soará muito antes de receber o instrumento!

17

DAR

Adquiri o hábito de nunca dar razões para uma recusa. Recusar dando razões não é recusar.

Alain

Não basta dar os passos que nos devem levar um dia ao objectivo, cada passo deve ser ele próprio um objectivo em si mesmo, ao mesmo tempo que nos leva para diante.

Johann Goethe

A vida justifica-se a ela própria e nunca saberemos, em definitivo, porque aqui estamos e cumprimos o nosso processo existencial. Por isso, como justificar o injustificável?

Se é assim, basta viver livremente, aceitar os condicionalismos, vencê-los pela superação das dificuldades e criar uma nova realidade, fazendo avançar a evolução. Então, a tudo temos direito se o desejarmos, agindo em conformidade mas sem ultrapassarmos os limites da acção dos outros.

Torna-se fácil caminhar nesta via se realmente nos compenetrarmos, de que conforme a física quântica demonstra, não existe tempo, espaço ou qualquer outra dimensão. Tudo acontece ao mesmo tempo e no mesmo lugar. O mundo é um único ponto e o resto são criações da mente.

A evidência desta constatação é que a realidade, toda a

realidade, é fruto do pensamento, individual e colectivo e, portanto, o que se pensa e faz acaba influindo em tudo o mais, entrecruzando-se com o que outros pensam e fazem.

O universo é como uma panela em ebulição onde tudo ocorre em simultâneo e no mesmo local. Não pode haver tempo ou outra dimensão para além daqueles em que tudo se passa. Aí e em mais lado nenhum é que tudo acontece.

Segmentamos espaços, criamos fases de tempo, dimensionamos, medimos e contamos. Atribuímos a tudo volume, distância, altura, comprimento e largura. Concebemos a metragem linear, a quadrada e a altimétrica e aprisionamo-nos aos movimentos de rotação e de translação.

Deste modo acreditamos que fazemos percursos, envelhecemos e tudo nos mostra que se nasce, se vive e morre. Andamos de um sítio para outro e temos consciência de que há uma duração para tudo, definimos um antes e um depois e marcamos um início e um fim para tudo.

Esquecemos que isso é assim porque precisamos de formatações. Isto é: o espaço ou o tempo existem para um determinado enquadramento mas, de facto, as formas mudam e alteram-se, num processo simultâneo e único.

No universo tudo é uma doação permanente e instantânea. Aceite esta realidade ao desejar e a tudo se disponha a devolver. Contribua para a fluidez dos processos e tudo terá para si, sempre, a todo o tempo, pois o universo assim disporá.

Desejando o que quer alcançar, leia a invocação **n° 17,** deste livro e obtenha-o.

Invocação 17

DAR

Nada há que justificar.

Podemos tudo desejar, pretender e fazer.

Temos direito a absolutamente tudo quando reclamamos viver de forma total, mesmo que nada se pareça que assim seja.

Mas há um preço a pagar: é preciso querer e agir sem subterfúgios ou mortificações.

Afinal, todo o universo existe para cada um de nós. Todavia, é preciso reconhecê-lo e demandá-lo e estará tudo à mão de semear.

Basta aceitarmos ser receptáculos dessas fruições, desenvolvendo-as, multiplicando-as e distribuindo-as em transacções sem fim.

O universo quando nos dá não cria nenhuma excepcionalidade, uma vez que sendo nós, também, parte dele mesmo, o que nos chega partirá de idêntica forma, numa frequência que irrevogavelmente integramos e de onde nunca poderemos excluir-nos.

Jamais poderemos suster essa contínua pendência, porque de uma lei natural absoluta se trata. Então, a nossa liberdade surge desse reconhecimento que nos capacita do papel que nos cabe a partir do lugar de onde estamos.

Se, dramática e insensatamente, rejeitarmos colaborar nesse vai e vem colossal, constituiremos um abcesso que o universo verá enquanto excrescência, igualmente concebível pela Criação.

Restar-nos-á sermos extraídos da harmonia celeste e, como resíduos, acabaremos na reciclagem para um outro tempo qualquer.

O universo é uma orquestra milimétricamente ajustada em que os instrumentos, devidamente afinados, produzem um sublime concerto.

Que cada um repercuta o tom que lhe está definitivamente atribuído. Tal é possível quando nos entregamos sem reserva.

Os sinos só ressoam quando os gongos os acometem. Antes, viviam no silêncio.

18

O BREU

Todas as nossas palavras serão inúteis se não brotarem do fundo do coração. As palavras que não dão luz aumentam a escuridão.

Madre Teresa de Calcutá

Como a abelha trabalha na escuridão, o pensamento trabalha no silêncio e a virtude no segredo.

Mark Twain

A luz é a essência e a escuridão a sua ausência. É a dialéctica da luta entre o que é e o seu contrário, mas nunca entre existir e não existir, porque ausência não significa nada ser.

A luz e a escuridão são o real e o oposto. Se uma está, a outra ausenta-se. Materialmente, só a luz existe pois a escuridão é a sua carência. A luz vive e dela faz parte a escuridão, que é a sua morte. Se subsiste uma, falece a outra.

Frequentemente, ausência é só falta de reflexão de luz: o que não se deixa ver parece não existir. Mas pode algo produzir a reflexão da luz sem que tal possa representar existência? É necessário que haja consciência que apreenda tal constatação.

É verdade que só pode haver iluminação no seio da escuridão, e que só se torna breu quando vai rareando a claridade. Então, luz e escuridão são gémeas inseparáveis, uma vez que são os contrastes que dimensionam a existência mútua.

Porque assim é, tudo tende para a visibilidade, mesmo que a penumbra persista ou que se implante agora.

Existir, embora não dependendo de aparecer, depende de estar aguardando em poder surgir. Isto é: a luz é o cerne da vida exaltante, é a coroação da ascensão evolutiva da vida, é a aclamação da criação divina. Ela vigora porque faz sucumbir o breu. Todavia, pode o escuro quando em negativo, fazer viver tudo quanto o negro envolva.

Visualize-se um quadro totalmente preto e insira-se na sua superfície, o quer que seja, a branco e verá que é esse negro que vivifica o que lá apôs. Então, o breu pode, também, dar subsistência à existência pela sua visualização.

Todos conhecem o que se considera a "matéria negra" do espaço que não é visível, mas que se diz ser amplamente maioritária no universo. Isto é: que essa matéria invisível ocupa uma percentagem significativa do espaço sideral.

Ora, assim é com o medo que não vemos mas sabemos que nos ocupa e nos agrilhoa totalmente. É o medo que criamos a nós mesmos ou o que aceitamos que outros nos criem. Será, também, o medo que aos outros nós fazemos.

Sendo radiantes fautores do nosso destino e catalisadores da evolução do mundo, nunca qualquer medo pode suplantar o nosso poder sobre a vida.

O medo não existe. Ele é fruto da nossa complacência e assim damos-lhe vida. Nunca aceite tal situação, repudie os passos na direcção das suas fraquezas e veja-se poderoso e triunfante, capaz de tudo e vencerá todos os medos.

Movido de ousadia, leia a invocação **nº 18,** deste livro.

Invocação 18

O BREU

Por mais escura que seja a noite e por muitos que sejam os noitibós que amedrontam a partir do breu, não há escuridão que não se acabe ou medo que não se elimine.

Mesmo que continue a ser noite e os noitibós por lá se alcandorem…

Não haja dúvidas: o medo existe porque o criamos e o aceitamos quando recusamos a verdade ou contemporizamos com as ignomínias de terceiros.

Nós possuímos todo o poder do mundo para destruir qualquer mal, basta obstruí-lo. Se mesmo assim ele entrar por qualquer fresta, sem darmos por isso, haveremos de senti-lo, porque incomoda.

Então, expurguemo-lo pelo suor do esforço em o não tolerar, seja por que meios forem.

A perseverança no Senhor é uma armadura sem igual e, em a tendo, impomos a nossa vitória.

Estabelecer linhas de defesa é um acto pragmático. Precisamos resistir, escolher como queremos estar, onde estar e com quem estar, ignorar as desfeitas, vincar os princípios e agir com rectidão.

Se isso não bastar, devemos manter a firmeza e oferecer compreensão e compaixão.

Abramos o coração mas sem desleixar a estoicidade do carácter e garantir que não haverá tréguas pelo bom combate contra a imundície de todos os infernos.

Atentos aos sinais de Deus, traçaremos os rumos justos de que precisamos para chegar a cada destino da nossa extraordinária corrida.

Acreditem ou não, nós entrámos neste filme da vida quando a película estava a ser rodada há muito tempo e, não duvidem, sairemos de cena muito antes de ela se dar por concluída.

19

O VIAJANTE

O que faz andar o barco não é a vela enfunada, mas o vento que não se vê.

Platão

Podemos viajar por todo o mundo em busca do que é belo, mas se já não o trouxermos connosco, nunca o encontraremos.

Ralph Emerson

Ao raiar de um novo dia, mesmo que as nuvens tapem a luz, a meteorologia anuncie tempestade ou você não veja a claridade, saiba que o Sol, tal qual é, se mantém onde sempre esteve e a sua luz e calor continuam a cruzar o céu.

Não importa que o vento fustigue, o granizo gele ou que aos raios que fendem o firmamento se sucedam os amedrontadores trovões. Tudo prossegue na vida do universo com normalidade e só se inquieta quem se coloca fora dos acordes da natureza.

Viver é estar dentro do concerto de que se faz parte, é agir em conformidade com o meio, é agitar a bandeira que se transporta, é levar o barco a bom porto.

Frequentemente, quantos padecem de ausência efectiva de luz por nunca descortinarem o nascer do dia, não sentirem o despertar das flores ou não absorverem o esvair do ocaso, apesar de não trovejar, nevar, chover ou ventar?

O clima é o que é e a pluralidade da vida sempre subsistiu e proliferou em qualquer das condições e até por causa delas!

O certo é que as nuvens carregadas que nos atormentam, ou fazem mal, não são as advenientes do tempo, mas as da nossa mente. São as nuvens dos labirintos que criamos e aceitamos que nos assolem, a cada passo, na nossa viagem.

Somos, de facto, viajantes eternos e precisamos de persistência na consumação dos focos que fixamos como metas de vida. Ao pretendermos chegar ao "destino" que traçamos, convém, antecipadamente, saber que o percurso só se pode fazer de duas maneiras: pelo caminho plano ou pelo caminho acidentado.

A escolha é exclusivamente de cada um e de mais ninguém. Na verdade, não existem dois caminhos, ou melhor, não há mesmo qualquer caminho. O percurso é aquele que você traçar agora e o caminho irá fazer-se à sua frente.

Depois de desejado e pensado, você inicia o andamento e, então, a cada passo, a estrada crescerá ao mesmo ritmo. Se parar, a estrada sustém-se, se hesitar ou desviar, o caminho degrada-se ou surgem saídas inquietantes. Se não erguer a cabeça para ver bem ao longe ou se a levantar demasiado e não alcançar o imediato, porque divaga, verá que a estrada segue para desfiladeiros ou vai dar a precipícios.

Determine o caminho, saiba onde quer chegar, prepare-se com vontade e clareza, entregue-se ao divino onde tudo tem razão de ser e veja em tudo o que o circunda as tabuletas de como prosseguir bem a viagem.

Leia a invocação **nº 19,** deste livro e siga em frente.

Invocação 19

O VIAJANTE

Subindo a montanha, lançamos cada pé, firmes e compassadamente, num ritmo sustentado no que se pretende alcançar.

Determinados, avançamos em exercício de alpinista sempre focados no cume mais alto e mais luzidio.

É assim a nossa vida: de objectivo em objectivo, em cada dia, todos os dias, semana a semana, todos os meses, anos após ano, até envelhecer se assim suceder.

No percurso, surgem as escolhas e as dificuldades, os perigos e os medos, os receios e as dúvidas, as impossibilidades e as incertezas.

Tudo acompanha o viajante no seu caminhar. Mas, inadvertidamente, sem esperar, lá vem o deslize, o escorregar e o tropeçar, obrigando ao esforço físico e mental e ao empenho da imaginação e da inteligência. São os desafios da existência que nos impelem a continuar, quando ainda não atingimos o topo.

Se lá chegarmos, começa outro caminhar. É preciso descer e lá ao fundo, no vale, por onde se descortina a planície, bem se vê que principia uma outra encosta. É aquela montanha, a que nos foi prometida há algum tempo e de que já nos havíamos esquecido.

Não há como suster a nossa caminhada. Se a fizermos alegremente, rejubilaremos pela transcendência.

Todavia, podemos fazê-la contrariados ou descontentes. Neste caso, a montanha sorrirá pois sabe que, ainda assim, se terminarmos a jornada, teremos garantido o pleno descanso.

Mas podemos até não fazer a caminhada, porque a recusamos.

Então, será a montanha que nos ultrapassará e todo o seu peso nos esmagará.

Se a não subirmos é porque, certamente, nos manteremos perigosamente no seu sopé.

Dúvida não haverá de que se a montanha tiver de passar por nós, o fará irremediavelmente.

20

O MAL

O mal existe, mas nunca sem o bem, tal como a sombra existe, mas jamais sem luz.

Alfred de Musset

Verdadeiramente bom só é o homem que nunca censura os outros pelos males que lhe acontecem.

Paul Valéry

O mal é uma manifestação que surge a partir de uma prévia concepção ou intenção, seguida de uma prática ou desfecho. Ele não tem vida própria. É um processo de quem o engendra, o pensa e o executa. É, também, pertença de quem o aceita, por não reacção, credulidade ou conformidade.

O mal não tem substância. Existe como onda de pensamento ou intenção volante que procura atingir um alvo e desde que o alvo se ajeite e se ajuste.

Se a grande revelação da teoria quântica é afirmar que não existe espaço ou tempo e que tudo ocorre num único lugar e ao mesmo tempo, também a verdade daí decorrente é que tudo o que constituiu o universo é uma e única coisa, em que tudo está interligado e absolutamente interdependente.

Quer isto significar que a essência da vida, seja ela qual fôr, onde estiver e quando ou como fôr, é infinita e intemporal ainda que se traduza em díspares formas, subsista em diferentes condições, evolua de maneiras distintas ou se manifeste de incríveis aparências. Tudo é um formidável concerto, tremendamente ajustado, puro e perfeito.

A génese da Criação está assente na perfeição da existência projectada e, depois, criada. Onde só cabe o bem no exclusivo significado da sua plenitude. O mal é constatado quando a intenção ou o facto tiverem acesso a quem se permite afectar. Mas até essa constatação pode ser uma circunstância da perfeição que tudo abrange. Na vida não há nada imperfeito, errado, inacabado ou absurdo.

O que existe é a funcionalidade universal que usa todos os recursos para prosseguir o cumprimento das leis que balizam o universo e os seus circunstancialismos.

O mal é apenas um desequilíbrio que procura normalizar-se. Isto é: na fluidez da infinita turbulência do universo, nos seus incontáveis movimentos e transcendências, tudo está permanentemente a equilibrar-se e a desequilibrar-se, num pêndulo de constância essencial à cibernética da miríade de factores que o determinam.

Então, o fundamental é procurar o equilíbrio, é tender para o nível de tensão zero, é tentar permanecer no planalto mesmo quando se tem de subir o cume e descer ao vale.

Esse perpétuo movimento não indica imperfeição ou defeito. É essencial à vida, pois se fosse possível atingir o equilíbrio e aí se ficasse para sempre, registar-se-ia uma calmaria total, uma paragem, um fim de vida. Se não for preciso mais nada, se não existir necessidade alguma, o que subsistirá é o marasmo, o ponto final, o vazio.

Entre nessa luta, cheio de força e leia a reflexão ou invocação **n° 20,** deste livro.

Invocação 20

O MAL

Nunca pode o bem ser vencido pelo mal se tivermos consciência da superioridade de um sobre o outro.

O mal é inferior. Está sempre abaixo do que é o bem. Não pode subir por si mesmo. Se sobe, é porque se aproveitou da seiva que pelos incautos caules sobe às copas altas.

Por ignorância ou erro, desmazelo ou qualquer outro vício da natureza humana, o mal lá vai progredindo, mas só enquanto nele nos revirmos, o tolerarmos ou o ampararmos.

O bem é excelso, inatingível porque inatacável em si mesmo. Ele existe e subsiste de imediato. Ele está e não se deixa ocupar. Pode ser arredado, mas anda próximo. Basta uma nesga e ele volta a retomar o lugar. Para isso só é necessário que vazemos o espaço.

Um e outro, assim são. O que faz a diferença na análise inadvertida que fazemos é o que sobre essas duas essências, nós próprios, considerarmos em cada circunstância.

Nós é que valorizamos cada um deles ajustando os factos, os acontecimentos, as oportunidades, os actos, os pensamentos ou o quer que seja, atribuindo-lhes o epíteto de um ou de outro.

Se cada situação pode ser valorada a cada momento, então o bem e o mal são precedidos pelas nossas intenções e apreciações, estas sim, assentes nos circunstancialismos de cada um.

Afinal, o bem existe, o mal é que não. Este é o ocupante por ausência do primeiro e passam ambos a existir quando os contrapomos. É o que sempre fazemos.

O mal não é a oposição do bem, nem este é o seu contrário. Só o bem existe eternamente. O mal é o desvio humano sobre o bem que é divino. O bem toca as almas. O mal deixa pegadas na lama.

O mal apenas existe enquanto reflexo de espelho do que somos e fazemos. Enquanto durar a reflexão, o mal vê-se e é baço. Mas há quem lhe dê côr. Tudo porque teimamos em nos mantermos em frente do espelho sem antes lavarmos a cara.

21

O SOFRIMENTO

É raro que estejamos completamente inocentes dos nossos sofrimentos.

Jean Rostand

Quantos sofrimentos nos custaram os males que nunca ocorreram.

Thomas Jefferson

Sofrer é, na maioria das vezes, arcar com despesas injustificadas, é pagar por aquilo que não se compra, é um martírio por assumpção de prejuízos alheios.

De vez em quando, também há sofrer por "culpa" própria, o que não quer dizer por actos concretos produzidos pelo sofredor, mas por não agir em conformidade com a realidade, por estar fora de tempo, por intervenção inapropriada ou por afectação de tabela.

Há ainda o sofrimento determinado para terceiros mas que acaba por infligir danos ao agente causador. Todavia, o sofrimento, qualquer que seja, tem sempre algo a ver com o afectado, independentemente da sua origem ou causa.

Jamais alguém pode ser afectado, sofrer, martirizar-se ou agrilhoar-se, sem que haja algum consentimento, consciente ou inconsciente, directo ou indirecto.

Isto não quer dizer que as circunstâncias, o ambiente, o local, a sociedade ou as necessidades da vida, não integrem capacidades de afectação, de condicionalismo ou de canalização do sofrimento, sobretudo quando se trata de indefesos perante a força ou da ausência de condições para se ter dignidade.

Sem fatalismos ou propugnar destinos irreversíveis, a realidade, sendo impositiva, não deixa de transportar os factores de modificação.

Se somos hoje o que pensamos ontem e seremos amanhã o que congeminarmos hoje, a verdade é que "o hoje" é forjado pelo que pensamos acerca do futuro que queremos já.

Isto é: não é maquinando sobre o passado que se chega ao presente, mas sim pensar agora sobre o futuro antecipado. Este trará o presente desejado.

Possuímos o poder de mudar a vida, desde que a idealizemos como um futuro que queremos no presente.

O sofrimento é um estado perfeitamente apagável na nossa realidade. Torna-se necessário que lhe não demos vida, que não o constituamos como concreta realidade. Antes, o sofrimento é como um sopro de vento que só vigora se o acomodarmos na mente. Veja, ele não pode subsistir fora de si e se o não quiser, sucumbirá de imediato.

Se nos vislumbrarmos como parte do divino, se compreendermos que a perfeição é o sentido da evolução e que esta provém do futuro que se torna presente, então triunfará sobre os escombros e erguerá a bandeira a que o universo o obriga: progredir e avançar sem fim.

Leia, reflectidamente, a invocação **nº 21**, deste livro.

Invocação 21

O SOFRIMENTO

Só pelo amor integral e pela misericórdia imanente de Deus poderemos aspirar ao alto.

Como criaturas, damo-nos conta das limitações que incorporamos e que nos fazem crer que enfermamos de incapacidades, imperfeições, ignorâncias, rudezas e tantas outras afectações.

Os crentes clamam ao altíssimo pelas dores e suplícios de que padecem. Pedem, essencialmente, a libertação de sofrimentos, embora a natureza da nossa biologia torne inexorável o envelhecimento e a falência da cibernética orgânica.

Tudo nos vai parecendo doloroso, sofrido e angustiante. Dor e provações acompanham-nos continuamente e, sem respostas, julgamos viver um absurdo, inexplicável ou incompreensível.

Apelamos ao divino. Se nos aquietamos para o ouvir, então tudo começará a fazer sentido. Mas há tanto por saber e sabemos tão pouco do que precisamos de escutar…

Por outro lado, são mesmo essas limitações dramáticas que, afinal, nos podem redimir enquanto humanos dotados de egoísmos e de outras idiossincrasias que nos caracterizam.

Mas se não sofrermos, como poderemos crescer no sentido da perfeição?

O sofrimento não é, não pode ser, a baliza natural para a condição do sucesso humano. Mas substrata-nos para o nosso melhor que, sem essa realidade, jamais lá chegaríamos.

Todavia, o homem nasceu para a vitória e até esse sofrimento podemos dirimi-lo se e quando o sentirmos como um incómodo de que nos poderemos aliviar.

Basta ascendermos e não nos aprisionarmos nos nossos defeitos.

O amor divino é sereno, mas radical. Aceitemo-lo e a nossa pequenez tornar-se-á sem tamanho, como o gás rarefeito que se espalha por entre as galáxias.

22

A BUSCA

Deus abençoa o homem, não por o ter encontrado, mas por havê-lo buscado.

Victor Hugo

Deus está em toda a parte, mas o homem somente o encontra onde o busca.

Textos Judaicos

Percorridos que estão mais de dois terços da leitura e reflexão deste livro, urge questionar se considera fervorosa a busca que empreendeu na certeza de saber, antecipadamente, que vai atingir, no presente, a meta que traçou para o futuro.

A sua memória mostra-lhe um filme em retrospectiva, constituída pelos "presentes" de então, que feneceram. Agora, procura fazer o filme actual, o único que tem existência pelo facto de, "o antes" ou "o depois", serem apenas fumo: um de lembranças e o outro de expectativas.

Mas a verdade é que nunca se pára de procurar, mesmo que se o não faça conscientemente. Até para o mais distraído é impossível não ter dúvidas, receios, questionamentos, encantamentos ou incompreensões que apoquentam, atormentam, maravilham e espantam.

Se o vazio existencial nos parece ser a presença mais permanente que acompanha o ser humano, ele é essencialmente impelido, a todo o tempo, pelo básico: como saciar a sede, a fome ou o frio, como conter a ansiedade e a inquietação, tabelar a premência das satisfações e vontades e lutar por algo de sólido, de garantia e de certeza.

Todavia, pela crença no divino, o homem sustém-se e reflecte, aceita, cresce e determina-se, num inconformismo de ousadias e desafios assentes na inacreditável fórmula do espírito: a esperança no devir. E este mais não é do que o regresso à proveniência.

O divino é o baluarte de todas as buscas, o muro de todas as lamentações, a plenitude das transcendências e é, enfim, a chegada a um porto de abrigo onde se descansa e não mais se retrocede para as turbulências.

Ao compreender que procurando o divino se atinge a felicidade e que tal é possível se tiver a intenção de agir nessa direcção, acabará por se saber parte desse todo incrível.

Só fazendo o esforço concreto da busca poderá encontrar Deus. Ele está em toda a parte, mas apenas se deixa divisar especificamente quando quem o procura, o escuta e sente antes. Sentimos Deus quando o interiorizamos. A partir daí vivemos com ele.

Sem uma aposta firme e focada, desprendida e assertiva, não impedirá que o universo divino lhe devolva a confusão ou o vazio em que se encontre a sua mente.

Busque com desinibição e, ao ler a invocação **nº 22,** deste livro, sinta como recebe o amor e as oferendas que deu, antes de as estar a receber, efectivamente.

Invocação 22

A BUSCA

Que a glória de Deus se manifeste naqueles que o reconhecem! Mas, também, em todos os outros que não o conhecendo, não deixam de ser filhos da sua excelsa Criação.

Para aqueles que o ignoram, negam, esquecem, escarnecem ou vilipendiam, que o seu esplendoroso manto os envolva e os faça entender a diferença entre a nossa pequenez e o incomensurável e colossal infinito divino.

O certo é que nada pode subsistir fora de Deus, porque Deus é absolutamente tudo. Se assim é, igualmente, também nada se pode subtrair a si próprio.

Somos centelhas de si e dele tudo parte, constantemente, sem fim.

Deus é Ele mesmo e toda a sua Criação, que vai surgindo de si e para si, permanentemente.

Concomitantemente, se somos parte dessa criação, partimos dele e nele somos, fazemos parte da própria vida divina.

Deste modo, aceitando-nos como centelha divina, somos plenos detentores do poder primordial da criação.

Então, por mais alta que seja a montanha, não há veredas íngremes que nos impeçam de atingir o topo em demanda do Santo Graal que nos pertence.

Se o sonho é um lado da realidade que nos faz dimensionar o futuro, a vontade indómita de atingir o fim é parte central dos que buscam a verdadeira justiça da vida.

Rejubilo no Senhor, pois ele é fiel e na sua complacência fui escutado.

Busquei-o em todos os sítios e ele esperava-me em toda a parte.

Encontrei-o agora mesmo, num beirado de janela furtada. Estava no pólen de uma flor trazida por um pássaro de arribação.

23

A SOBERANIA

É necessário subir muito alto para bem descortinar as ilusões e angústias da ambição, poder e soberania.

Marquês Maricá

Apenas compete aos soberanos, ou aos que por eles são autorizados, regular os costumes alheios.

René Descartes

Liberte-se de tudo, dispa-se de adornos, deite fora o que não precisa ou usa e crie espaços vazios onde habita, no emprego e na sua cabeça. Limpe a mesa, o armário, a estante e o roupeiro, o sótão e a cave. Retire os empecilhos no caminho de casa, torne os acessos fáceis e tenha a porta de saída desimpedida.

Porquê tudo isto? É que arejando, alijando e libertando o meio ambiente onde vive, torna-se leve, desobstrui as passagens, faz fluir novas ideias, facilita a entrada de diferentes propostas de vida e permite a saída do que não interessa, do que é lixo ou obstáculo, engano ou prejuízo.

Ao decidir-se a fazer esta limpeza, inicia um processo imparável e a sua morada torna-se vistosa, tal como as flores coloridas que atraem os melhores insectos polinizadores.

A sua mente fica aberta como as pétalas na Primavera e o universo fará chegar até si as doações de abundância e prosperidade.

Se tudo funciona deste modo é porque existe uma hierarquia

inteligente no universo que nos assegura que, apesar de se verificar o caos ou a desordem, não deixa de ser certo que tudo está fixado num processo irreversível e em direcção à ordem.

A soberania de que vos falo é a única que dá verdadeiras respostas, é a do entendimento que procura matar a insatisfação, a da sede que se sacia na fonte imanente e a da inquietação que se satisfaz perante os eternos porquês. Só Deus corresponde ao desejo da ânsia mais elementar do homem desde os primórdios da vida: caminhar, não para um fim, mas para a origem, de onde se vem.

Pode ser que nunca materialmente se aceda a esse patamar do conhecimento enquanto humanos, ou até podemos estar enganados desde sempre. Mas a verdade é que o nada é filosófica e cientificamente abismal e inconcebível.

Resta-nos a soberania sob a qual existimos e ela determina-nos o Soberano. Ir mais longe é-nos impossível, mas crendo, tudo fica correcto. Quem nos pode dizer que a fé tem menos valor do que a lógica, para uma avaliação do que é a Realidade?

A Realidade é fruto de tudo e de todos e não é igual em tudo e para todos. Ela é a que é, agora, mas provinda do futuro congeminado, pensado e estruturado no passado. Antes, desejou-se um futuro e este, de imediato, realizou o presente que temos.

Lendo a invocação **n° 23,** deste livro, entregue-se livremente à soberania divina e durma em paz.

Invocação 23

A SOBERANIA

Se a certeza está na soberania divina, então há paz, harmonia e prosperidade para aqueles que nela esperam.

Só deste modo a luz fará claridade na escuridão em que estivermos e ela não nos encandeará nos picos de sol por que passarmos.

É esta a razão absoluta do que creio porque no Senhor deposito as minhas esperanças e sob o seu manto me refugio das tempestades agrestes.

Serenamente, aguardo agora, apenas no tempo certo, a confirmação paulatina das minhas vitórias.

És tu, divino redentor, quem sempre ouve as preces, de modo inefável atendes ao clamor dos deserdados e lhes doas todas as heranças devolvidas.

Deixa cair o teu punho esmagador sobre as iniquidades, destrói os fautores das desgraças e os perturbadores maliciosos das vidas simples dos outros.

Conscientemente e com júbilo, devemos agradecer os nossos retumbantes sucessos perante os escombros das falsidades vencidas.

Das certezas feitas no Senhor temos sempre

confirmações antecipadas dos nossos avanços, sejam quais forem as circunstâncias, os factos, as necessidades ou os problemas.

Alegrem-se os mundos por esse espaço sideral, pois em qualquer das latitudes do firmamento o louvor a Deus ecoa, em sublimes melodias, canções de hossanas sem fim.

O homem redimido erguer-se-á das catacumbas da provação e realizará a assumpção definitiva da sua portentosa filiação divina.

A premência de um novo tempo é avassaladora e o cosmos, neste esperançoso porvir, consagrará mais um avanço na sua interminável complexidade.

Compreendo e aceito o poder divino. Por isso, vivo como soberano da minha vida e determino-me perante os outros.

24

A HUMILDADE

A humildade torna-nos invulneráveis.

Marie Eschenbach

Entre todas as virtudes somente a humildade se ignora a si mesma: como traz os olhos baixos, e fitos no abismo do seu nada, não reflecte sobre o seu conhecimento, porque o verdadeiro humilde não presume que o seja.

Pe. Manuel Bernardes

O sentido mais sublime da humildade foi dado por Jesus Cristo quando, no derradeiro acto que antecedeu o seu calvário, decidiu lavar os pés aos Apóstolos.

Na mesma circunstância disse que "os últimos seriam os primeiros" e estes, os últimos. Também referiu, que para se ser "senhor" era preciso primeiro "servir". Esta asserção compenetra-nos da nossa insignificância, pese embora a nossa magnificência como sublimes criaturas conscientes e que a tudo consciencializam.

A vida, o universo e o que nele exista, são miríades de milagres sucessivos, constantes e inexplicáveis para o absolutismo da lógica, mesmo que cada milagre seja simples, evidente e mensurável, não pelos seus mecanismos, mas pelos resultados obtidos que, inevitavelmente atordoam.

Se somos uma das maravilhas da criação divina, com todos os constituintes, capacidades e alcances que nos determinam, tal não impede que sejamos cegos às nossas deficiências, limitações, imperfeições e ignorâncias que transportamos, produzimos ou promovemos.

Nestes casos estão, sobretudo, os defeitos de carácter, traduzidos como "pecados", embora sem os colocar sob o chapéu da moralidade, mas vistos à lupa da evolução que a inteligência cósmica a tudo obriga e submete.

Não quer isto dizer que esta constatação esteja desligada do Criador. Pelo contrário, pois as leis universais são inultrapassáveis e o progresso da evolução vai sintetizando as probabilidades de respostas consoante as necessidades.

A humildade, sendo a antí-jactância, não é um amorfismo. É até um elemento da ousadia. Não é o rebaixamento por uma glória posterior e muito menos, um aniquilamento ao jeito dos místicos. Se crescer, para Deus, obrigasse ao aniquilamento, questionar-se-iam os porquês da evolução.

A humildade é estar consciente da insignificância que somos e da magnificência que constituímos, enquanto seres extraordinários da Criação. A insignificância determina-nos "criatura" e a magnificência a "filiação divina".

Ser humilde é saber que a grandeza é evoluir e aprimorar. É sabermo-nos pérola, por mais pequena que seja e não pedra tosca. Isso obriga a uma exigência de vontade, esforço e luta, não para ser maior, mas para ser melhor, simples e polido.

Quem mais conhece, melhor compreende e aceita, ajuda e transforma. Humildade é ser professor e manifestar-se aluno. É aprender quando ensina.

Leia com sabedoria a invocação **nº 24,** deste livro.

Invocação 24

HUMILDADE

Como é que cada um de nós se pode convencer pela auto-suficiência, que os nossos pontos de vista, preconceitos, ambições, anseios ou gostos, são os melhores ou os verdadeiros e incontestáveis, perante um mundo tão multifacetado, diverso e plural.

Pior ainda é que tal se possa e tenha de impor aos outros, rejeitando as diferentes opiniões e críticas, ou mesmo, os acertos e ajustamentos.

Como nós é que sabemos tudo e de tudo estamos certos, a cegueira molda-nos na jactância do orgulho, a prepotência vicia-nos pelo arbítrio da superioridade e a incompetência tolda-nos pelo vazio da importância.

Um dia tudo acaba - e às vezes bem cedo, outras mais tarde e frequentemente, nem percebemos que acabou.

Para a fanfarronice soçobrar, basta uma pequenina dor, uma qualquer unha encravada. Ainda que o seu portador seja um marajá e tudo ofereça em seu favor, bem se contorcerá com a sua dor incomodativa.

A ilusão do poder irmana-se com o sentimento de impunidade e de eternidade. Isto é: o poder cega, a importância tolda e a jactância humilha, porque se julgam imperecíveis ou inatingíveis. Mas não, tudo é volátil e acaba. Mesmo que o castelo seja de ferro e aço, o tempo e a aleatoriedade vencem sempre. Só triunfa o que está solto e leve, porque se não apega.

Os tormentos são o quotidiano da vida. Eles lembram-nos a transitoriedade da existência, a efemeridade dos anseios que temos e a fragilidade das obras que fazemos.

Por isso, são felizes "os mansos e os humildes de coração". Deles será o verdadeiro reino, pois só eles entendem porque "os pássaros do céu não semeiam nem colhem e não guardam em celeiros".

Estes compreendem, pois, "como crescem os lírios do campo, que não trabalham e nem fiam e no entanto, nem Salomão, com toda a sua majestade, se vestiu como eles".

O certo é que a cada dia basta o seu próprio peso. Não lhe acrescentemos mais. Morto o ontem, que importa o amanhã se não vivermos o hoje!

25

O PODER

A imaginação tem todos os poderes: ela faz a beleza, a justiça, e a felicidade, que são os maiores poderes do mundo.

Blaise Pascal

O homem não é a soma do que tem, mas a totalidade do que ainda não tem, do que poderia ter.

Jean-Paul Sartre

A exaustão de algo ou alguém ocorre quando o seu papel finda e não é mais necessário à prossecução dos seus fins originários. E não se verifica, apenas, por carência da matéria ou de objectivos que se exaurem. Mas porque cessa o que lhe competia e as consequências distribuem-se por novas agregações e inicia-se um outro ciclo evolutivo.

O poder é a antítese da exaustão, pois equivale "a ser capaz" e a que está impregnado da plenitude das potencialidades. O poder não está na apropriação de recursos, de condições, de filosofias, de territórios, de populações ou de entesouramentos. Também não se encontra no meio ambiente, à nossa volta ou por alcance de qualquer dado ou bem, fora do que é a nossa própria centralidade.

O poder está dentro de nós e só aí poderemos obter a capacidade de ter e de ser. Ou seja: de conseguir a emancipação e de nos tornarmos independentes. Para contribuir para o todo, para executar a actuação que nos corresponde, só a partir da nossa individualidade inteiramente assumida. E esta resulta de nos sabermos detentores de tudo o que é necessário para tal desempenho.

Nós somos a nossa realidade e, também, a circundante, pois esta só existe porque a ajudamos a criar, de forma consciente ou não. A realidade exterior é parte do nosso empenho interior, do nosso pensamento. Existe como projecção dos nossos de desejos e acompanha-nos quando caminhamos. Não nos larga, a menos que se funda com os passos que damos. Então, a realidade somos nós.

Como fazer isso? Simplesmente tornando presente o futuro ambicionado, fazendo o caminho à medida que se anda, passo a passo. Assim, apenas haverá o exacto trajecto do passo e este surge do pensamento imediato.

Se o poder está dentro de nós, onde é que o encontramos? Já vimos que só há uma única força: a que gerou a criação universal a partir do próprio Criador.

Por isso, o poder de cada um é o mesmo dessa ocorrência primordial que é imanente a tudo e está alojado em nós.

O poder pertence-nos quando o assumimos pela prática do seu pleno exercício. É preciso usar o poder que temos para que o mesmo não estiole ou definhe.

As potencialidades individuais são para utilização obrigatória no processo da evolução e se não procurarmos tirar o máximo rendimento delas, ficamos exauridos porque não cumprimos o papel e não justificamos a existência.

Viva com o poder e exerça-o com virtude. Para saber como, leia a reflexão ou invocação **nº 25,** deste livro.

Invocação 25

O PODER

Todo o poder está dentro de mim e não no exterior, dependente de factores múltiplos que não crio e nem controlo.

Se Deus a tudo impregna, não preciso de o buscar fora da minha vida pois foi ele que a criou e, assim, me permitiu ser o que sou.

Recuso a asserção de que algo que me é exterior possa ter poder sobre mim, sobre o meu destino ou rumo. Sou eu que tudo posso, desde que o busque dentro de mim próprio.

Faço livremente o esforço concreto, disponibilizo-me a enfrentar o porvir pelo abraço e não pelo acometimento, sou parceiro da evolução do mundo e não seu senhor ou predador.

Empenho-me em desfrutar o que de bom o mundo tem. Se eu quiser tudo de bom, doo-me ilimitadamente e tudo recebo em abundância.

Rejeito o esbanjamento e a usura, a destruição e a acumulação, a atrofia, os diques e as barreiras. Sobretudo, recuso os vãos falsos, os alçapões, os túneis e os separadores.

Com o poder que tenho, porque quero e assumo,

ordeno o fim dos acórdãos negativos e proclamo os novos decretos de triunfo para a minha vida.

Abram-se as alas para a revogação das pronúncias dos enquistamentos e faça-se prevalecer uma nova sentença: a da vida exuberante, a que provém dos justos e se exerce no advento da compreensão e da bondade.

A lei e a ordem divinas comandam a minha vida, porque assim desejo. Se as impedir, esfumo-me no mais denso nevoeiro, incógnito e incognoscível. E morro.

Não sucumbo assim. Sem temor, assumo o mundo em que me envolvo, tomo-o de assalto e faço madrugar todas as realizações da vida pelas quais futurei antecipadamente.

26

A FRAGILIDADE

Se compreendêssemos, nunca mais poderíamos julgar.

André Malraux

Um braço vigoroso não é mais aguerrido contra a lança do que um braço frágil; são o carácter e a coragem que fazem o guerreiro.

Eurípedes

Se a haste do frágil feto resiste melhor às tormentas do que um pinheiro robusto é porque quem se fragiliza ante a fúria dos portentos, ao engelhar-se para se suster, acaba por tonificar as raízes.

Também você só se torna perene se tiver certezas e as transportar constantemente consigo. São elas que lhe garantirão ficar arreigado ao caminho que decidiu percorrer, apesar das ventanias e ciclones. Isto é: não se irá manter porque se protegeu num abrigo de circunstância ou porque se amarrou a algo.

Não! O que lhe permite estar firme e passar incólume na borrasca é o seu peso mental. É a força do pensamento que a cada instante forja o devir, cria os factos e os altera ou os faz morrer. Se está no meio de um vendaval é porque este seu presente jorrou algures do seu querer, consciente ou não.

Tal como o trouxe, você tem o poder de o eliminar ou, então, é assim porque quer e tem mesmo de por ele passar, como obrigatoriedade da sua evolução.

Claramente, a fragilidade é um estado ou condição imaterial em que qualquer um pode cair, seja por força dos revezes, da inexperiência, da insensatez, da irreflexão, da ignorância, da inveja, da ambição desmedida ou do orgulho balofo.

Se assim é, tal como entrou também pode sair, uma vez que não existem grades de contenção que prendam a fragilidade. Só existem labirintos mentais, pensamentos negativos ou efabulações confusas e toscas. Pense alto, suba ao cume das virtudes, ofereça-se como imolação das torpezas e do passado e lance-se no ar, sobre os vales e planícies sem fim, voando livre e sem expectativas ou destino. Saiba que tudo o que vê abaixo é seu e disso usufruirá logo que queira.

Como pôde chegar aqui, como um ser resplandecente e possuidor de tudo se nem sequer tem asas para voar?

Não são precisas asas pois o acto físico de planar não carece de movimento. Basta sair da sua mente e deixar-se ir. Chegará mais rápido a qualquer promontório do que a águia mais veloz, pois quem o sustém no céu aberto dos seus desejos profundos é o poder da omnipotência divina que flameja no seu coração e o impele a prosseguir na direcção do retorno primordial.

É preciso ficar incapacitado para se robustecer e aceitar que a força surgirá das fraquezas. Só esta dualidade, a que a ambiguidade nos obriga, determina a opção justa.

Aí vislumbramos a escolha certa. Ousar é decidir e a fé é o elixir da ousadia pura, a que nos conecta com o devir próspero.

Leia voando, a invocação **nº 26**, deste livro.

Invocação 26

A FRAGILIDADE

Senhor!

Tu confortas-me nas desilusões, guias-me nos desfiladeiros das incertezas, tonificas-me nas fraquezas e defendes-me das injustiças.

Se me incapacitas nas fortalezas é porque a Fé nas fragilidades, ou a Fé das próprias fragilidades, é a força motriz da crença no absoluto omnipotente, misericordioso e salvífico.

É crer no Deus que está aqui, que é ele agora mas que não se limita a estar. Antes, ocupa e preenche a criatura, apesar do livre arbítrio que nos habita e que determina a independência das escolhas pessoais.

Esta é a Fé que move montanhas porque nos carrega aos ombros, nos empurra sobre as penedias, nos desatasca dos pântanos e nos faz emergir dos lodaçais e das enxurradas.

É esta a Fé que nos segreda o conselho, nos ampara nas infelicidades e nos anima nas derrotas, nos fortalece nos infortúnios e nos dignifica ante a humilhação, nos vivifica face às torpezas e nos dá sempre esperanças, mesmo durante as piores hecatombes.

Trata-se da Fé regeneradora do homem, aquela que nos

mostra o arco-íris da eternidade, nos transporta para o devir e nos cumula de libertação, nos intima a continuar e nos proporciona a vitória.

A Fé é tudo isto e uma coisa só: confiança. Confiar absolutamente naquele que nos interpela incessantemente a retornar para de onde viemos.

Aceitar ou não, pouco importa. Todos percorreremos um trilho próprio, mas dentro do mesmo espaço universal que é a Criação divina.

Se nada pode existir fora de Deus, porque ele é tudo e tudo substantiva, então, cada um, circule por onde circular, está dentro do circuito divino. Só que uns sabem, outros não.

Ao conhecer as suas fragilidades, o fraco torna-se forte e o forte que ignorar ou subestimar as suas fraquezas, é apenas um fanfarrão.

27

OS SURDOS-CEGOS

A cegueira do juízo e amor-próprio é muito maior que a cegueira dos olhos.

Pe. António Vieira

O que se considera cegueira do destino é, na realidade, miopia própria.

William Faulkner

No contexto do tema, a surdez e a cegueira são metáforas devidas à automutilação que fazemos relativamente à vista e à audição que pretendemos não ter. Isto é: vazamos os olhos e defenestramos os tímpanos sempre que precisamos de ver e ouvir melhor.

A vida trivial que levamos está pejada de percepções erradas da realidade, uma vez que é a partir das sensações que apreendemos o que nos circunda, lhe damos corpo e grandeza, o imaginamos, o conceptualizamos e o definimos.

Mas se a realidade é constantemente mutável e sempre diferente para quem a realize, então, ver e ouvir são apenas comprimentos de onda recebidos, percepcionados e entendidos de modos diferentes, criando-se infinitas realidades sobre a mesma realidade. Ela, afinal, é indecifrável porque incognoscível e nunca confinável.

Sabemos que a realidade só o é depois de interpretada pela mente e é por isso que só vê, ou ouve, quem mentalmente se ajusta para ver e ouvir. Se assim não fosse, o que se vê, ou ouve, seria apenas um fluir difuso, ruidoso e sem sentido.

Ao ajustar-se, não ouvirá ou verá, apenas, o que o meio ambiente activa sensorialmente. Verá e ouvirá mesmo sendo cego ou surdo porque, para bem escutar ou perscrutar, precisa de estar sintonizado com a sua antena interior, aquela que permite entender os sons e as cores da vida.

Seria pouco escrupuloso dizer que os sons que nos chegam, enquanto tais, o fazem num turbilhão de ruídos e cacofonias. Igualmente, as cores, os tons e as misturas, caminhariam pelo éter até chocarem connosco, confundindo-nos...

Ora, tudo se passa na mente inteligente e interpretativa que, em reciprocidade, depois de percepcionadas as sensações, as transformam em realidades. Mas estas são-no pela soma daquilo que recebemos e das várias influências passadas e presentes que transportamos e nos cristalizam.

Estas influências marcam indelévelmente a nossa realidade e, por mais evidentes que sejam os factos, a nossa interpretação é, sobretudo, ajuizada a partir das experiências acumuladas: boas, más ou indiferentes.

Queira de facto ouvir e ver e faça algo mais para observar e escutar para além do que julga que vê ou ouve. Ver e ouvir, com clareza, obriga a um esforço para nos libertarmos do passado com que agrilhoamos a percepção e o entendimento presentes, o que não é fácil e muitas vezes impossível.

Nessa intenção, leia a invocação **nº 27,** e comece por ver a escuridão e a ouvir o vazio. Acabará por se misturar no mais belo arco-íris e estará dentro da mais espantosa sinfonia.

Invocação 27

OS SURDOS-CEGOS

Há surdos que o são verdadeiramente e aqueles que só o são porque se recusam obstinadamente a ouvir.

Há cegos que o são de facto e aqueles que só o são porque não querem objectivamente ver.

E há surdos e cegos que não o sendo, não ouvem nem vêem porque não sabem efectivamente ouvir ou ver.

Também há surdos e cegos que não o são realmente, mas que ao ouvir ou ver não entendem o que escutam ou o que vêem. Julgam que o som e a luz não são o que são.

A verdade é que há surdez e cegueira oriundas da genética, de acidentes e de doenças.

Mas há, certamente, surdez e cegueira assumidas, que não resultam de deficiências mas dos condicionamentos, próprios ou alheios, que se grudam aos tímpanos das ignorâncias e às córneas da insensatez.

A estes, pouco vale levá-los a concertos sinfónicos ou mostrar-lhes as cores do arco-íris.

É que não querem, não conseguem e não discernem de todo.

Provávelmente, um dia, debaixo de uma árvore onde chilreiem pássaros ou num promontório ao sol-pôr, vão seduzir-se para ouvir e ver.

Mas a crueza fina dos sons límpidos e o lampejo fulgurante das luzes do ocaso que tarde lhes abrirá o mundo, confunde-os.

Atónitos pelas inusitadas novidades e plenos de sofreguidão, serão flagelados pelos trovões e relâmpagos das suas tormentas mentais que verdadeiramente ensurdecem e cegam.

Então, se terão ouvido e observado alguma coisa, é improvável sabê-lo. Imagino, sim, o que poderiam ter vivido se cedo o tivessem feito.

28

A LUZ

Um pouco de luz vence muitas trevas.

Paul Claudel

Quem acende uma luz é o primeiro a beneficiar da claridade.

Gilbert Chesterton

Viver na luz é a única vida verdadeira, concreta e total. Fora disso, vegetamos.

Carregamos o nosso corpo pesadamente, sofremos por todas as doenças, insuficiências e incapacidades. Escravizamo-nos pela imensidão de necessidades e sentimos frio e fome, padecemos de tristeza, ansiedade e depressão, movemo-nos cegos pelas expectativas fátuas, ambicionamos vazios e pelejamos por absurdos, vivemos como um aparelho digestivo e, por fim, matamo-nos por ninharias.

A plenitude está na luz divina que nos cega para obtermos a visão esplendorosa que nos indica o porquê de estarmos vivos, de como nos sentimos e para que vivemos.

É a eternidade que vem de antes, aqui está e nos tem de levar para diante. É a luz concreta, a que nos transfigura porque ilumina a alma, nos corporiza como detentores do absoluto criador e nos impregna de poder transformador.

Procurar Deus não é caminhar com lanternas, fazer exercícios, meditações ou obras para o ego, ou agir com exemplaridade preconcebida. Procurar Deus é buscá-lo em nós e encontrá-lo nos outros. É procura-lo num desiderato de sincera consciência, não para o ter como exclusivo, ou obter dele uma pontuação ou valoração.

Compreender que tudo ocorre num só momento e a todo o instante, sem espaço ou tempo, basta para nos sabermos ocupantes de um devir que é feito do presente antecipado em que nos encontramos.

Viver na luz que tudo trespassa e a tudo dá existência, é tocar Deus e dele nos impregnarmos de imediato.

No universo não há problemas sem solução e se você não está na luz que pode alcançar, porque a não quer, a não entende, a não procura e não se esforça por a encontrar ou porque não consegue sair da penumbra em que se aprisiona, saiba que apenas precisa de a querer e desejar.

Se isso lhe é possível já, faça-o e verá que obterá tudo, pois nem precisará de estender o braço. É a própria luz que até si virá. Num ápice, você apenas existirá no seio da poderosa iluminação. E tal como a recebe, também a passará a emitir.

Não sucumba nas catacumbas que criou, veja que tudo tem solução e ainda que se julgue abandonado, esquecido ou alvo de sofrimentos e injustiças, abra espaço para outra dimensão. Busque Deus e ele aparecerá em qualquer esquina, anúncio de TV, título de jornal, frase livre ou obstáculo inusitado. Você é importante no universo, onde nada é por acaso. Obrigatoriamente tem de caminhar na luz e não o pode impedir ou evitar. Quanto mais cedo, melhor.

Leia invocação **nº 28,** deste livro.

Invocação 28

A LUZ

Só Deus tem as respostas de que preciso efectivamente.

Porque não lhe pergunto já?

Se tenho uma saída, porque permito que o absurdo prossiga! Devo apossar-me dessa saída e romper definitivamente a passagem.

A luz do Senhor é tão forte que não deixa espaço para sombras, para o lusco-fusco ou para as tonalidades baças das minhas apreciações.

Só podemos irradiar a resplandecência quando nos envolvemos por completo com a vida e nela incandescermos totalmente.

Destruamos, então, a opacidade obscura, vil e tenebrosa. Transfiguremo-la em vitrais de boa-nova, multiplicados por catedrais sem fim, onde se proferem preces desesperadas e invocações esperançosas.

São estes vitrais as testemunhas diárias dos mistérios da fé dos crentes que buscam anonimamente a salvação.

É a partir deles que se libertam, em cores, os cristais aprisionados, irradiando por entre arcos e cúpulas ancestrais, fomentando os jardins das primaveras das nossas vidas.

E é como o peregrino que busca a libertação, aqui em baixo, sobre o chão límpido da catedral, que eu recebo a luz feita de oração.

Ao estender o braço, cativo na minha mão fechada, um raio quente de infinita misericórdia divina.

Detentor de tamanha fortuna, transbordo de alegria esfusiante e incontidamente, abro a mão.

Radiante como um prisma, a luz espalha-se forte em todas as direções.

Restam-me, agora, nos cinco dedos, as cinzas dos infortúnios que trazia e que recusara deixar à entrada do templo.

29

O DESTINO

Os próprios deuses não podem impedir um homem de falhar o seu destino.

Ludwig Beethoven

Em busca do destino a pessoa descobre-se a si mesma.

Georges Braque

Aceitar simplesmente um destino aleatório é admitir que vamos para algum lado apenas conformes a um qualquer determinismo ou decisão apócrifa, a que seremos alheios e sem que possamos influir nesse fim.

Ora não é assim, mesmo que haja tal destino. Ou melhor: temos nesta vida um fim, um papel a desempenhar e esta verdade só pode ser entendivel se isso representar uma evolução do espírito individual.

Deste modo, o caminho não termina aqui e esse crescimento tem de se prender com algo mais transcendente. Será o nosso progredir na eternidade universal.

Estamos permanentemente a interferir no destino, no nosso e nos dos outros, uma vez que o fazemos a cada instante, conforme queremos, desejamos e agimos, ou não. Afinal, o destino é o alcance do aprimoramento espiritual que quotidianamente se vai concretizando.

Todavia, quando e por que meios isso acontecerá, dependerá da nossa intervenção e interferência sobre a vida que fazemos. Podemos até inviabilizar que esse destino se cumpra, forjando outro diferente.

O destino, existindo, não é uma fatalidade. Sendo incapazes de suster o processo que nos impele à evolução, seja ela lenta ou apressada, directa, sinuosa ou bloqueada, podemos sempre alterar os percursos.

Precisamos influenciar o destino a nosso favor. Conseguiremos isso se o colocarmos no pedestal dos desideratos da vida e se porfiarmos em o atingir pela superação. É um desafio pessoal em que o destino é uma fasquia móvel e não uma meta fixa. Ele acompanhar-nos-á enquanto formos subindo...

Pela acção confusa ou incoerente das nossas vidas, por vezes, o destino surge-nos desfocado ou diluído. É o destino projectado nas dificuldades pela forma como vivemos. Para o consumar positivamente, basta reconhecer que ele se cumpre conforme determinamos o nosso dia-a-dia.

Cesse de baloiçar ao vento e agarre o destino com as mãos. Cumpra-o, agindo firmemente na sua vida e vença-o.

Para isso, rejeite qualquer cedência ao exterior que procure desviá-lo. Aceite Deus fervorosamente e nele faça descansar as inquietações, por maiores que sejam os desesperos.

Verá que o destino é só uma porta que o liberta quando nela entrar.

Leia com sabedoria, a reflexão ou invocação **nº 29,** deste livro.

Invocação 29

O DESTINO

Nunca mais o nefasto tomará poder sobre mim.

Recuso-o porque os planos de Deus valem sempre, sobretudo nos dias de grande tribulação e desespero.

As suas sentenças, bênçãos e vitórias, acompanham-me sempre e nos momentos difíceis e dolorosos garantem-me a sobrevivência serena e catapultam-me para a grandiosidade da vida abundante.

Nessas horas de amargura posso agarrar-me às promessas divinas e saber que elas prevalecerão sobre tudo o resto. Não importa o que seja ou quão dramático seja.

E mesmo o impossível desaparece, pois a lei e a ordem divinas comandam a vida e fazem-me prosperar muito para além do expectável.

Assim sendo, todos os sucessos esperam por mim.

Todas as grandezas puras me estão reservadas.

Todos os triunfos me alcançam.

A prosperidade e a felicidade convidam-me para múltiplos banquetes.

Sou um vencedor e dono do meu destino.

Sei-o, porque miríades de serafins e querubins resplandecentes alumiam poderosamente o meu trajecto.

Tão forte é a luz que nem vislumbro a estrada. E nem preciso. Sigo apenas o foco radiante e dou-me conta de que até os meus olhos já não o são.

Tornaram-se espelhos da minha própria iluminação.

Sinto, agora, passarem por mim, todos aqueles que um dia me acalmaram quando ansiei, me ajudaram quando precisei e me ampararam quando tombei.

Ao incidir neles a minha luz, reflexos de gratidão são-me instantaneamente devolvidos e vejo, maravilhado, todos aqueles a quem um dia, generosamente, cedi a minha mão.

E verifico, em epifania, que o destino se liberta.

30

O TOPO

Quem fica no vale jamais atingirá o topo da colina.

Thomas Fuller

É necessário ter o coração colocado alto para derramar certas lágrimas; a nascente dos grandes rios encontra-se no cume dos montes que avizinham o céu.

François Chateaubriand

Finalmente atingiu o topo. Provávelmente nem se deu conta disso ou até pensa que não saiu do mesmo patamar. Errado. Avançou e de que maneira! Não meça esse avanço com uma fita métrica ou o visualize apenas como o alcance dos desejos que acalentava. Assim, manter-se-á em dificuldades.

Atingir qualquer cume começa quando se decide a subir, mas os limites vão-se sempre alargando à medida que alcança. Aprenda uma lição: o progresso é conforme as necessidades reais e não conforme as necessidades que julgamos úteis. E os sucessos ou fracassos devem-se a nós.

Quando iniciamos um percurso por decisão e empenho irreversíveis, nunca ficamos no mesmo sítio e jamais deixamos de avançar. Você progrediu. Pode ter dificuldade em discernir o quanto evoluiu. Se não entendeu onde está, reflicta sobre o que leu, meditou ou fez. Registe num papel, a duas colunas, os títulos de "deve" e "haver".

Na coluna do "deve", inscreva o que para si permanece obscuro, as dificuldades, as inquietações, os medos e os desejos não conseguidos. Na coluna do "haver", assinale o que andou, o que entendeu, o que melhorou ou progrediu e o que sente ter obtido.

Ainda, à parte, faça um quadro de "dúvidas" e coloque aí as incertezas, o que considera ter avançado mas não o suficiente ou o que julga ainda bloqueado.

Por fim, a partir de cada questão do "deve", do "haver" e das "dúvidas", escreva o porquê de assim as considerar e veja se, contrapondo-as, vislumbra a luz que procura ou se encontra o caminho por que porfia.

Saiba que o quanto leu e meditou sobre as invocações, lhe garante que tudo conseguirá se o quiser e fizer o esforço para agir nesse propósito. Se não obtiver os resultados que pretendeu, é porque não possibilitou, a si mesmo, a saída dos guetos que criou ou permitiu que lhe criassem.

Nada está perdido. Mesmo nestes casos tem tudo a ganhar, uma vez que já tentou e procurou. Não há forma de o impedir de atingir o topo ansiado e justificado. E vai tê-lo se continuar a desejar. Agradeça por se manter na busca.

Se já atingiu o cume e compreendeu a vitória, exulte e exteriorize de alegria. Dê vivas à vida, agradeça as bênçãos obtidas, prossiga para a fruição do que lhe pertence e olhe à sua volta para distribuir as riquezas que possui. Não as deixe consigo. A abundância termina se a quiser acumular.

Estar no topo é responsabilizar-se por tudo. É você, agora, quem tudo suporta.

Leia a invocação **n° 30**, com que termina este ciclo de leitura.

Invocação 30

O TOPO

Como é bom chegar ao topo sem que nenhum obstáculo me tenha impedido de o alcançar.

O sucesso é garantido. Todas as condições existem para tal e todos os passos que dou se conjugam para o fim vitorioso.

Inúmeras e extraordinárias abundâncias anseiam por mim e eu retribuo, recebendo-as, uma a uma, carinhosamente.

Quero e sou usufrutuário pleno dessas fragrâncias que flúem permanentemente. Vejo-me como um privilegiado obrigado à satisfação do progresso e do desenvolvimento.

Multiplico várias vezes o que recebo e distribuo tantas mais, sem contar. Sei que em tudo em que me envolvo, progride, lucra e avança.

Pelos meus olhos e para onde quer que eu alcance, só vejo harmonia, beleza e encantamento. É o mar da tranquilidade onde me banho quotidianamente.

A fealdade e o caos, para existirem e serem vistos, têm antes de subsistir nas mentes de cada um. Nas mentes dos que são vistos, às vezes. Nas mentes dos que vêem, sempre.

Se queremos subir alto, libertemo-nos da soberba, do ódio e da inveja, do egoísmo e da maldade, da vingança e do orgulho.

Eu caminho pelos anseios do Senhor e alegro-me pois sei que jamais serei um derrotado. Serei sempre um vencedor.

Estou determinado a ganhar e a liderar a minha vida. Os sucessos, os bons resultados, as vitórias, os louros e o progresso, estão á minha frente.

Degrau a degrau, o topo já não é além, é aqui, no patamar que piso e que tomo de imediato.

O futuro tornou-se presente e eu sou agora a arca de todas as vitórias.

Uma carta (parte II)

A. Milfontes manteve o seu ritual quotidiano durante 29 dias, como sempre fizera, apesar das inquietações levantadas por aquela carta, sem alterar os comportamentos que há muito adoptara.

Todavia, havia sido obsessiva e "cumpridora" quanto ao desafio que a mesma lançara e, assim, desde manhã cedo, denotava um semblante radiante, na expectativa de concluir a sua trigésima leitura, o final do conjunto dos temas e invocações a que se sujeitara diariamente.

Ao chegar a casa, podia notar-se uma leveza etérea no seu andar e o rosto traduzia uma claridade debutante e ansiosa, uma vez que, conscienciosamente a perturbava obter as certezas tão expressas nas leituras que fizera.

Mal entrou, prostrou-se no sofá como num oratório e pegou na página do dia 30, sorvendo o seu conteúdo.

... *"Atingir qualquer cume começa quando se decide a subir, mas os limites vão-se sempre alargando à medida que alcança. Aprenda uma lição inesquecível: o progresso é conforme as suas necessidades reais e não conforme as necessidades que julga úteis. E os sucessos ou fracassos apenas a nós se devem"...* matraqueou, no seu pensamento, A. Milfontes.

Num gesto automático, com a sua caneta, vincou por baixo a citação: *"Estar no topo é responsabilizar-se por tudo. É você, agora, quem tudo suporta"*.

Hoje era o dia da sua vitória, pois cumprira zelosamente com o ritual das leituras e aceitara prosseguir naquele encadear prefigurado nos textos.

Levantou-se pensativa quando se lembrou que não havia visto a caixa do correio. Para lá se dirigiu como em busca do "santo graal". Ei-lo, ali estava outro envelope, igual ao que recebera um mês antes. Retirou-o com cuidado, como se de uma peça de arte quebradiça se tratasse.

Ao abri-lo, a sua cabeça era um ciclotrão à beira de explodir e as suas mãos tremiam pois, no envelope, estava apensa, no topo de um conjunto de páginas escritas, uma minúscula caixinha envolta num laço de seda azul.

A. Milfontes retirou, devagar, a caixa, mas não a abriu. Viu que não tinha proveniência ou assinatura, mas a data era a mesma da do anterior envelope.

De imediato, passou à leitura:

Montanha de,...

…"A luz e a escuridão são uma e a mesma coisa e por isso nunca se sobrepõem. Quando uma aparece, a outra furta-se. Deste modo, só há iluminação no seio da escuridão e só se torna breu quando rareia a claridade.

Viver na luz é a única vida verdadeira porque ela é a face de Deus. Fora dessa abrangência, vegetamos.

Sem luz, carregamos o corpo pesadamente, sofremos de todas as doenças, insuficiências e incapacidades. Escravizamo-nos pela imensidão de necessidades, sentimos frio, fome e sede, padecemos de ansiedade, angustia e depressão, movemo-nos cegos pelas expectativas fátuas, ambicionamos vazios e pelejamos por absurdos, vivemos o dia-a-dia como um aparelho digestivo e, por fim, matamo-nos por ninharias.

A plenitude está, pois, na resplandecência da luz divina, que cega para obtermos a visão que nos indica o porquê e o para quê de estarmos vivos.

Procurar a luz é procurar Deus e isso não se faz caminhando com lanternas, fazendo exercícios, meditações ou obras para o ego de cada um. Procurar Deus é buscá-lo em nós e encontrá-lo nos outros, ou vice-versa, pois não o podemos ter como exclusivo.

Compreender que tudo ocorre num só momento e a todo o instante, sem espaço ou tempo, basta para nos sabermos ocupantes de um devir que é feito deste presente antecipado em que nos encontramos.

Viver na luz que tudo trespassa e a tudo dá existência, é tocar Deus e dele nos impregnarmos de imediato. É reconhecermo-nos na inenarrável filiação divina e sermos, assim, detentores de todas as forças.

Se a luz provém do Deus criador, não há e nem houve, um

"antes" ou um "depois" excluído dele. O mundo existe desde que Deus, a partir dele e por ele, o criou.

O Universo surgiu quando se fez luz e com ela, o tempo e o espaço passaram a "vigorar".

O Criador não se explica e a sua criação também não. Está fora do tempo e do espaço e nada pode situa-lo fora dele.

A criação universal, surgida de um instante é, todavia, um contínuo de sucedâneos provindos de um único e definitivo propósito divino. Único, mas plural e multíplice na infindável produção que Deus gera de si, incessantemente, provocando alterações e mudanças no infinito universal que é a tradução da sua criação.

Deus é imutável, mas a sua obra não. Sendo Deus, ele mesmo mais a sua criação, ele cria permanentemente a partir da sua imanência. Ele é prévio a tudo e, por isso, a novidade é a concretização material do que giza, mas que em nada altera a sua imutável e incognoscível condição. É assim porque assim é, uma vez que tudo existe nele e nele tudo se basta.

O Universo é este e não outro, não por um acto arbitrário ou selectivo, uma vez que Deus não escolheu o mundo dentre vários e nem fez opções entre melhor ou pior. Decidiu de forma singular e absoluta.

Tudo está, então, continuamente determinado. Tudo está previsto porque nele nada se altera. Deus não muda e nem se transfigura. O que pode mudar (e muda) são as decorrências *da criação, mas no âmbito do que está fixado.*

Não por aleatoriedade, mas porque verificadas as condições das leis do universo que produzem sempre os mesmos efeitos, devidamente ajustados.

O livre arbítrio existe, mas as decisões e os julgamentos, as opções e as intenções, os actos ou obras, são-no no cumprimento do que as leis universais preconizam que seja.

Com tudo previsto, pode-se percorrer qualquer caminho em liberdade. Mas qualquer traçado está já preconizado como possível. Por outras palavras: seja qual for o caminho que trilhe, será sempre sobre um chão que é Deus.

Ele organizou o mundo em leis para que tudo corresponda ao que se necessita. Assim é a sua presença na nossa vida e não tem de fazer mais nada. Nós sim, porque temos de o desejar para que se concretize em nós.

Quando alguém não tem "luz" ou não está na luz porque a não quer, a não entende, a não procura ou não se esforça por a encontrar, ou porque não lhe vê utilidade ou não consegue sair da penumbra em que se aprisiona, deve saber que apenas precisa de a desejar.

Se a quiser, então é a própria luz que até ele virá e, num ápice, existirá no seio da poderosa iluminação. E tal como a receberá, também a emitirá.

Por isso, voar é igual a resplandecer, pois não há limites para percorrer qualquer direcção. Subsiste só o desejo, a vontade e a decisão de voar ou de iluminar e sem que seja necessário ter

asas ou produzir chama. Mas voar e resplandecer ao mesmo tempo, apenas dependerá de quem poderosamente o quiser."
FIM

E A. Milfontes quis!

Parcimoniosamente abriu a caixinha e foi desatando o laço de seda azul que a envolvia.

Do seu interior surgiu uma incrível pérola resplandecente, singular e magnífica.

A luz que daí saía era agora a sua iluminação e A. Milfontes viu-se etérea e incandescente.

Pegando na pérola com os dedos, fez das suas mãos uma nova concha e sentiu-se viva e arrebatada.

Sublimando-se como um compêndio de todo o conhecimento, tornou-se livre e poderosa, tão livre que de imediato desejou voar e resplandecer, sem cessar.

Era tudo simples! Sempre que a vida a levasse a um penhasco, era de lá que o deveria fazer.

Afinal, qualquer pérola, dada a sua configuração física, bem antes de poder refulgir pela incidência da luz, sempre poderia rolar. E nesse rolar, seria certo que não deixaria de ganhar asas...

EPÍLOGO

Se o leitor seguiu a metodologia proposta, é certo que pelo menos leu, em cada dia, uma reflexão ou invocação. Então, está na hora de fazer um balanço. Não do que leu, mas do que procurou, porfiou e sentiu ou afincadamente desejou.

Estas contas não se fazem como as da contabilidade comercial, pois as conversas com Deus nunca dão resultados de aritmética. Antes, são equações muito simples em que não é preciso somar, subtrair, dividir ou reduzir a percentagens.

Desde logo, porque o único dado para cálculo é você mesmo, com tudo o que representa para o peso específico da avaliação que procura ou pretende. E os resultados só poderão apurar-se com exactidão se a busca estiver conforme com a total disponibilidade e abertura da sua vida. Sem espartilhos ou hesitações, receios e calculismos, intencionalidades ou focagens, sobre os modos em obter o que quer.

O que tiver a receber e as abundâncias que lhe caberão, apenas virão se você estiver com o seu sótão livre, limpo e arejado. Mas a forma como virão e quando não é da sua conta.

Lembre-se que apesar de depender de si o estabelecimento do que entende constituírem as suas prioridades, não deve pretender fixar as regras e os termos da equação da vida, pois a divina sabedoria universal há muito determinou qual é o modo e o tempo que lhe convém.

Se ainda assim quiser somar, subtrair, dividir ou reduzir a percentagens, perceba que o pode fazer, mas nunca chegará ao fim, seja pelo infinito dos números ou pelos dados com que pretende efectuar as contas.

Por mais que queira, nessa formatação, impor processos em vez de apenas os desejar, os dados geridos por si e dadas as contingências, serão sempre incompletos, errados ou insuficientes e não obterá os resultados de que necessita.

Veja, refiro-me "aos resultados de que necessita" e não "aos resultados que quer" e que considera serem os melhores para si. Faça coincidir "o que necessita" com o "que quer". Se não souber, seja só afirmativo e peça tudo de bom, idealize essas maravilhas e limite-se a apagar o negativo.

O meu conselho é: queira entusiasticamente obter resultados de transformação da sua vida, com abundância, prosperidade, saúde, felicidade, harmonia e paz. Saiba desde logo que os vai ter. Pretenda-os e disponibilize-se, liberte-se, alivie-se e abandone os seus problemas ao Criador. Deixe por conta dele o resto.

Sinopse

O livro é uma ode heroica à capacidade do homem em se transfigurar, um autêntico missal intimista e clamoroso, porquanto o conjunto dos temas, intencionalmente encadeados e ordenados em espiral, constituem uma obra de apelação, de premência, de peleja e discernimento na superação individual sobre os martírios e infortúnios que assolam as pessoas e as suas vidas.

Trata-se de uma síntese telúrica, adveniente de um diário sofrido mas alentador, escrito pelo autor durante cinco anos e que espontaneamente eclodiu como um guia de orientação, um instrumental prático e facilitador para quem busca transcender-se face aos tormentos que o afectam.

Fruto dessa constatação, julgamos que os problemas estão sempre noutro lugar, talvez distante, mas que, afinal estão ao nosso redor, talvez mesmo na nossa cidade, no nosso bairro, na nossa rua ou na nossa casa. Sobretudo, os problemas estão em cada um de nós e é isso que o livro ajuda a encarar, para que possamos desfazer tal nó ou liquidar essa perturbação.

Por isso, o livro é um missal, invocação, oração ou até, um canto de redenção. É que, desde a primeira página (a do compromisso do leitor para com a leitura que seguirá), sabemos que depois de começar, não há maneira de retroceder e isso só pode levar ao fim desejado: o triunfo total.

O autor

Antigo Director de Informação e Director-Coordenador da Agencia portuguesa de notícias **LUSA**, onde terminou, em 2003, a sua carreira jornalística de três décadas, é filho de pais transmontanos, de Vila Flor, Bragança (Portugal) e nasceu na cidade de Malanje, Angola, em 1957, onde se iniciou na profissão de jornalista muito cedo, nos jornais **Angola Norte** e **Ecos do Norte**.

Licenciou-se em Jornalismo, pela **Escola Superior de Meios de Comunicação Social** (Lisboa), trabalhou nas diversas agencias noticiosas de Portugal (**ANOP, NP** e **LUSA**), para alem dos jornais "**A Tarde**" e "**O Globo**" e na radio estatal, **RDP**. Foi, também, co-fundador do **Africa Jornal** e do boletim **Africa Confidencial**.

Fora do jornalismo, foi Adjunto do Secretário de Estado Juventude e Desportos, no segundo Governo Constitucional, membro do Gabinete de Imprensa da Direcção Geral dos Desportos, Assessor dos Presidentes da Camara de Lisboa e de Oeiras, Consultor em comunicação estratégica e é Presidente do Conselho de Administração de uma empresa com sede em Oeiras.

www.ingramcontent.com/pod-product-compliance
Lightning Source LLC
Chambersburg PA
CBHW022056050726
47591CB00002B/571